黃士鈞（哈克）、黃錦敦 著

陪一顆心長大

從心理諮商到養兒育女

目錄

Part II 在有趣的暗示語法裡，找回溫柔繼續愛——哈克

Part III 陪著孩子成為他自己——黃錦敦

〈推薦序〉

傳遞愛與被愛的父親身影

心靈魔法師　林祺堂

小時候最高興的事情之一，就是坐在父親摩托車光亮的汽油缸上，手握照後鏡的把手，聽著爸爸開心地吹著口哨，在鄉間小路上飆風前行。父親忙著田事，小小的我在一旁專心地觀察，然後伴著泥土的氣息與汗水，快樂回家。曾在廣播聽過一場父子一起吹口哨的音樂表演，那明亮有節奏感，瞬而扶搖直上的樂符，共振著父子相知的靈魂。對於不會吹口哨的我，有著替代性與想像性的滿足感。

小時候也曾因好奇追逐貓咪而掉入屋旁的大水溝，幾近滅頂的我，是父親奮不顧身跳入水中用他那有力的雙手將我抱起。那溫暖的大手拍著我的背，口中唸著客語「膽大大」「膽大大」，安慰著受驚恐的我，讓我只記得被用力抱著的疼愛。

朱自清用敏銳細緻的觀察，描繪身材肥胖的父親奮力跨越月台的觸動背影，那一袋得來不易的橘子，裝的不只是橘子，更是父親滿滿的慈愛。曾幾何時，父親與「背影」，就這麼連結上了。在社會文化中，父親承擔著社會經濟的角色，「出外打拚」「沉默寡言」似乎變成了正常的狀態，於是在家中的父親形象似乎也只剩下看不見身影的背影。

錦敦與哈克，是我近年來在專業與生活上重要的好朋友。我們一起帶領心動120與四手聯彈工作坊，一起喝咖啡說自己的故事，彼此關懷與滋養，我們都好珍惜。因著朋友的機緣，我見證著錦敦與哈克在公、私領域的交融樣子。治療師是怎麼當爸爸的？治療師在家裡如何傳遞愛呢？這些不陌生的經驗躍然紙上，加上深刻的反思與引導，心中是滿滿的敬佩、讚歎，再配以哈哈大笑與鹹鹹淚水。

來說說我印象深刻的見證：

與錦敦有許多一起設計治療性牌卡與帶領工作坊的經驗，曾有幾次見他與電話的那頭，溫暖應對的模樣，那是極度專注的聆聽與超級有耐性的溫柔，熱戀中的情人恐怕也沒這等神情。我自動地以爲是跟嫂子通電話，當答案揭曉，我目瞪口呆……居然是跟兒子采奕在說話!?哇~這是個什麼樣的父親？怎麼願意這樣來當爸爸？

哈克與女兒可以在學校的表演中，一起穿著睡衣當模特兒走台步，吸引所有人的目光與讚歎；可以拿著夾夾棒跳著非常有韻律、非常好笑的舞步，同時搭配著有點另類卻趣味十足的歌詞，讓每一個人都開心著。哇～是什麼讓哈克可以這麼有源源不絕的創意與能量呢？

這是一本兩個諮商心理師反思自己怎麼當爸爸的生命智慧故事，在眞實的親子互動經驗中提供我們可以如何愛孩子的參考，同時反思並練習如何與孩子有更好互動的可能性。哈克提供「濃情創意」策略，教導我們以高品質的隱喻陪伴故事、帶著濃厚愛意的催眠溝通技法去懂孩子，遇到挑戰時，在不放棄的堅持下，繼續想出更好的辦法試試看。錦敦提供「溫柔體貼」的心法，學習認出孩子的獨特眞名，面對自己的限制，用心反思與準備好自己，呼喚出美好的彼此，讓孩子成爲自己生命的主人。兩位爸爸同時在傳遞著用生命影響生命，用心傳遞著愛與被愛的歷程。

我特別愛前半部相互回應文的巧思，用一個個孩子的故事，回應著一個個共鳴的父親印記。在閱讀的當下，就能勾引出讀者生命中類似的故事，也與之迴盪，或點頭稱是，或拍案叫絕。這就像是蘇東坡與佛印大師魚雁往返眞心見證彼此的修爲；而後半部的分別故事陳述，則像令狐沖與楊過在相知相惜中分享高乘的武功心法，讓我們可以更深刻地掌握兩種不同傳遞愛的方法。錦敦與哈克的分享，讓父親的角色不再停留在不諳溝通的背影形象，透過帶著愛的繼續試試看，讓歡樂與感動交織出爸爸深刻又靈活的身影。

建議你帶著下述問題思考，再與本書的智慧相互激盪，我相信會很有收穫的：

儘管沒有說出口，在孩子心中，是如何覺知你對他／她的愛？

你最想傳承什麼給你的孩子？你想種在孩子心靈底層的心苗是什麼？

你擅長或喜歡用什麼方式，陪伴孩子的喜、怒、哀、懼？

你用什麼方式面對生命的困境與挑戰？孩子跟你學會的是什麼？

你如何愛自己？如何去了解或懂你的孩子？

什麼時候或在什麼情境下，你覺得當父母是最欣慰或最值得的？

你最欣賞或敬佩孩子的地方在哪裡？

這是一本給想要當好爸爸的人、值得深思的好書，也是爸爸媽媽一起討論反思親子議題的好書，更是想要學習如何愛自己、愛他人的好書。有愛就可以很勇敢，有愛就可以很有辦法，有愛就可以很有智慧地一直成長。

〈推薦序〉

每個人都必須學習如何傾聽孩子，與孩子對話

牙醫師．作家．環保志工　李偉文

爲什麼這個時代不快樂的人這麼多？

爲什麼有情緒障礙、焦慮憂鬱的人，比例又是這麼地高？

或許是現代人生活太忙碌，人與人之間的關係太複雜之後，反而愈形膚淺，沒有人理解我們，我們也不再有時間、有心情理解孩子。

從古至今都一樣，孩子在跌跌撞撞中成長，在挫折中探索世界，但不同的是，古代孩子周邊總是有許多有空的大人，也許是爺爺奶奶，也許是街坊鄰居的三姑六婆，更有許多一起打打鬧鬧的表哥表弟堂兄堂姊，而且那個時代社會的誘惑少，環境

也相對安全，所以父母親順著父母愛孩子的血脈親情，就可以當一個稱職的好父母。

可是到了今天，情況就完全不同了，除了家庭的社會支持體系不見，父母親必須孤軍奮戰之外，往往大人在工作場合累積的負面情緒尚未處理掉，就得回來面對孩子，形成親子關係緊張，孩子也沒有辦法在被理解及有安全感的環境成長。

因此，在這個變化快速且充滿壓力的時代，父母親勢必也得重新學習如何傾聽孩子，如何與孩子對話，並且能夠在照顧孩子的時候，也照顧到大人自己。

相信在家庭生活中，不管大人或孩子，經常都有機會遇到自己無法理解或處理的情緒，因此總覺得每個有機會陪伴孩子的大人，都得了解基本的心理諮商常識與技巧，以便在第一時間協助孩子或自己。

但是心理諮商專業書籍對一般人，尤其是忙碌的父母親來說，恐怕很難消化，而這本《陪一顆心長大》，兩位作者以既是資深心理治療師又是爸爸的親身體會，將專業知識融入這些真實又感人的故事裡，而且這些精采的故事看過就很難忘掉，正好可以讓我們在往後遭遇類似情境時取法。

總覺得父母與孩子彼此是上天賦予的禮物，因爲孩子無法選擇父母，父母也無法選擇孩子，因此父母與孩子的相遇，是最珍貴的緣分，值得我們好好珍惜，好好享受這段與孩子相處的時光。相信這本書是與孩子共同成長途中很好的參考。

〈陪伴現場目擊〉

短褲、馬尾、夾腳拖與咖啡

哈克夫人　李泓

不知道從什麼時候開始，黃錦敦與黃士鈞，成了我生活中最常提及的兩個男人！無論是和家人、幼稚園的媽媽朋友們、心理諮商的個案或成員，甚至是和我的中醫師或瑜伽老師說話，很奇妙地，這兩個「姓黃的」人的名字總是會一再地出現，曝光率之高、跨領域之廣已經有點到了匪夷所思的境界。

這兩個人，都是我在心理諮商專業敬重又佩服的助人工作者。

黃士鈞（江湖上人稱哈克）絕頂聰明，搞笑又濃情，上起課來一下讓人噴飯，一下讓人噴淚。他對自己有完全的喜歡和接納，也很奇妙地會讓靠近他的人更喜歡與接納自己。他的標準配備是夾腳拖、短褲配三分頭，溫暖的聲音配著感情濃厚的隱喻故事，同時三不五時會誇張地哈哈大笑或自己感動到淚流滿面。這些特質，讓黃士鈞堪稱台灣諮商界不太典型的奇人一枚。

黃錦敦人如其名，敦厚又謙和。

錦敦總是紮著馬尾，手上一杯裝著咖啡的隨行杯，背上揹著像是隨時可以出發去旅行的登山背包。錦敦熱愛敘事治療，這些年也越來越活出敘事治療對人的寬厚與尊重。他溫和的聲音和眼神，會讓人不知不覺地安靜與柔軟起來（我個人在有心事的時候，看到錦敦是要隨時有掉眼淚的心理準備的）。錦敦有些害羞靦腆，同時又深刻寬廣的樣子，也讓他像是台灣諮商界一幅美麗的風景。

這兩個男人，很湊巧地，一個是我老公，一個是好朋友。

同時，這兩個身材、髮型、個性、風格都迥然不同的五十八年次男人，這幾年很奇妙地成了感情越來越深厚的麻吉，會一起約吃飯、約說話、約工作、約泡湯、約旅行、約去台東做木工，在困頓沮喪時陪伴彼此，也在心理諮商的專業場域共創許多深刻而美好的合作。

這兩個超級有特色的諮商心理師當爸爸，是兩種完全不同的風貌。在這裡，我就多說說短褲與三分頭的那一位吧！

黃士鈞當起爸爸，秉持他一貫的搞笑與濃情。

他和孩子說話，三句話裡有一句是唬爛與搞笑，一句是對孩子說她有多美、多好、多讓人喜歡。他對孩子有完全的欣賞、喜歡和接納，同時常因孩子的言行而高分貝地哈哈大笑或感動到熱淚盈眶。他愛孩子愛到骨子裡，渴望和孩子在一起的每時每刻都是品質、歡樂與感動。

黃士鈞也是個非常不耐操的爸爸。他的身體極度敏感，怕吵、怕累、怕孩子咿咿唉唉爭吵不休，更怕老婆凶巴巴地罵小孩。吵雜與衝突的聲音，總是瞬間瓦解他的內在空間，讓他有奪門而出的衝動。

不過，哪家孩子不吵架、不哭鬧、不惹媽媽生氣？哪家小孩不用提醒一百遍就會自動刷牙、乖乖睡午覺、少吃薯條、看電視時的距離保持螢幕對角線的二‧五倍？但聰明絕頂如哈克，可不願讓自己有限的耐心和體力，白白地被生活與教養上的瑣瑣碎碎所耗損。他可是想把自己有限的能量，保留給他對孩子最單純的愛與歡樂的！所以，他用很多的策略與方法來引導孩子進入合作的狀態。這些方法，大多伴隨著語言、表情、語氣來完成，有的溫馨得讓人無法抗拒（像是溫柔的床邊故事），有的指令清楚到完全沒有打混摸魚的模糊空間（像是在孩子看電視越看越往前的時候，下達清楚的行爲指導語），有的則是語言模模糊糊又好玩有趣，讓孩子還搞不清楚狀況時，內在的心情與狀態就被爸爸同步與帶領了（例如四歲的阿毛戒不掉吸手指，爸爸講的「毛毛小球與大老鷹」的故事，或是問阿毛「妳的肚臍想上學嗎？」，來陪伴不想上學的阿毛）。

這些策略與方法，有的看起來天馬行空，有的顯得撲朔迷離，但其實分析起來，都是愛的語言（或是因爲實在太脫離一般人習慣說話的方式，而該稱爲「愛的第二外國語」）。而這些愛的語言，其實是一個很平凡（甚至常常覺得自己很無能）的父親，在經歷了無數次被孩子吵到奪門而出或氣到大發脾氣的懊惱之後，所慢慢累積出來的故事與經驗。故事裡，用上的除了是哈克自己在專業上的看家本領，更是一個父親不願意放棄的努力。

這些年，我看著士鈞和錦敦兩個人，一路養育、陪伴著自己的孩子。錦敦用自由與寬廣的土壤滋養著采奕與小蔓，給出大大的空間與允許，讓孩子探索出自己的樣子。所以六歲的小蔓自由自在，能量豐沛飽滿，像是天邊的彩虹，也像在草原奔馳的羚羊。士鈞對孩子給出所有的理解與接納，同時把自己說得完整清楚，無論是對孩子的愛，還是他自己的軟弱、無力或疲倦。所以六歲的黃阿赧貼心又流暢，總是知道如何體貼與照顧所愛，像是黃白色的雞蛋花在樹上綻放，散發淡淡的香。

無論當父親的樣貌有多麼不同，這兩個我欣賞又佩服的諮商師，在養育孩子的過程中，即便有挑戰與困難，卻都沒有放棄繼續想辦法當一個更好的爸爸、想辦法照顧與回應自己獨特的孩子。他們以同樣柔韌的姿態，迎著孩子吹拂來的風，品嘗風裡充滿孩子味道的挑戰、甜美與溫暖。

他們兩個，一個穿著短褲與夾腳拖，一個綁著馬尾，而我想，這兩個男人的名字，會繼續掛在我的嘴邊。

〈陪伴現場目擊〉

一輩子的禮物

黃錦敦夫人　范夙慧

這幾年，老公開始著手整理自己諮商輔導專業領域的工作經驗，懷著分享好想法的心態，陸續出了二本書，煞有其事地，當起了業餘作家。但萬萬沒想到，老公竟然緊接著就與哈克聯手推出了這一本當爸爸的書。哇，這可不得了了，因爲老公和「育兒寶典」間的連結是完全跳脫我的想像之外的。但熟悉的情節內容，透過老公的文字，彷彿當下情景，鮮活地於書本上再次上演。有好幾幕情境再次讀起，內心依然糾結，頓時，更打從心底佩服老公處理小孩問題的功力，伴隨湧現的感謝之情，感謝他認眞地全記錄，否則，這些每天輪番上演的小事件，於記憶中消散之快速或許就如同沙灘上的足跡般，那以後，該拿什麼故事來告訴小孩，我們對他們的愛，其實就存在於這層層堆疊的事件中，在在都是有跡可循的啊。

我覺得小孩有一種超能力，就是能不費吹灰之力地，把沉睡在父母心底的暴怒一下子給釋放出來，瞬間將父母變成噴火龍。更厲害的是，他們可以讓噴火龍於下一秒再變身為溫暖和藹愉快的水果奶奶。經歷了「不斷在噴火與和藹可親之間瞬間變身」，多年後，深切體認到，我們當父母的，唯有在自己心中的愛很流動、內在空間很安穩自在的時候，才禁得起小孩無盡的耍賴及要求，甚或吵鬧，而努力地不變身成噴火龍。而我看見這本書，很多地方都在說著，父母如何能不變成噴火龍，以及變成噴火龍後要怎麼變回來。

老公說他是吃「竹筍炒肉絲」長大的，帶小孩並不是自然而然就會的。因為小時候被打罵的痛苦經驗是如此深刻，於是，他下定決心要改寫小時候的版本，常提醒自己要以「愛在家嗎？」「保留小孩獨特的空間」「不管怎樣你都是個很好的孩子」「與小孩討論」「讓小孩做自己的主人」這些書中提及的核心概念，來經營與小孩的互動關係。然而，下這樣的決心，帶起小孩比用打罵的方式，更加不容易，卻是我們共同堅持的。這一方面也是我最敬佩老公的地方，當他面對女兒突然沒來由地唉唉叫時，他很自然直覺地認為小孩在撒嬌（不是在找碴喔），抱抱她就可以了。我則往往在發揮同理心一、二分鐘沒有得到合理解釋後，耐心瞬間歸零，怒氣便似賽車般由心房疾駛腦門，就在千鈞一髮快要變身之際，老公常適時溫柔地提醒只要抱抱她就好了，我才又回復平靜，且恍然大悟地嘟噥著：「唉呦，要抱抱就說嘛，幹麼要唉唉叫啊？」（怎麼不直說啊？害我每次都被唉得頭昏眼花後，無名火燒了好久。）然後我終於也明瞭，面對這樣的狀況，我毋須找到唉唉叫的理由，只要讓愛充滿心間，溫柔地、好好地抱抱她，她就有了依靠及安全感，唉唉叫自然就會戛然而止喔。

生活裡常見到老公面對心情激動盛怒的兒子，仍可以平心靜氣地拍拍他肩膀，溫柔地和他說話；面對泣不成聲、身體不停抽搐的女兒，仍可以滿心心疼、無語地抱抱她。面對這樣的情境，當媽媽的我，一則替小孩感到慶幸，覺得他們好幸福，可以擁有這樣溫柔的爸爸，如和煦陽光地照耀；一則是心生感謝，謝謝老公可以堅持在愛的氛圍下，好好地教導小孩，同時我也能好好地在旁邊學習幾招，見賢思齊，以備下次所需。在一次又一次見證老公如何與小孩互動後，才發現原來我在書中尋找的良師，其實一直就在我的身邊啊！而一雙兒女則是很會出考題的老師喔。感謝我身邊出現的這些良師們，我好愛你們。

哈克和老公二個人，在我看來，都是非常溫柔的爸爸。在書中，他們記錄著許多努力保持心中愛的流動，與小孩互動的故事。他們二個人運用各自所學的諮商專業對待小孩，雖因所學諮商方法不同，對待小孩的方式各有其獨特性，各有各的派別，但他們養育小孩的核心概念，都是本著想營造一種在愛的流動中與小孩互動的氛圍。他們的做法不一定是最好或唯一的版本，但不可否認的，透過他們與小孩互動的故事，你會驚訝地發現，原來父母的溫柔真的可以當孩子一輩子的禮物。

〈作者序〉

沒有奶，拿什麼來餵養？

哈克

和錦敦寫這本書的過程，極其愉快且豐富。

大約兩年前，我們兩個諮商心理師突發奇想，說要一起來寫一本治療師當爸爸的書。於是，從那時候起，把握著每一個機會，用心記錄下當爸爸的點點滴滴，有幾次我們還開玩笑地說：「似乎因爲要寫書，就更認眞地當爸爸了！」

「沒有奶，那拿什麼來餵養？」是養育孩子六年多來，我心裡常常跳出來的問句。兩個女兒都吃母奶，溫熱的乳汁與溫熱的接觸，我猜，是孩子身心的極樂世界。而當爸爸的我，身上剛好沒有這個關鍵的神奇裝備，怎麼辦呢？我想起了我自己七歲時，依稀記得的一個畫面……

記憶裡，小時候的每年暑假，我的父母親都會盡力地挪出時間和預算，帶兩個姊姊和我，全家一起出遊。印象深刻的一回，我們搭著巴士，經歷了好遠的路途，來到了東西橫貫公路頂端的梨山。那時候可能剛上小學的我下了車，瘦弱的身子在暈車之後很勉強地站在路邊。記得的是，左手邊幾攤賣梨子、水蜜桃的水果攤，而右手邊是當時雕梁畫棟的梨山賓館。

我猜，當年古色古香又熱門的梨山賓館一定不便宜，也很可能很早就客滿了。我記得的畫面是，父親一個人順著左邊水果攤的方向，往左前方遠遠的坡路那裡走去。遠遠的左前方坐落了好幾家看起來比較平價的小旅館，我猜，父親走去那裡，一家一家地問：「住一晚，一個房間多少錢？」

印象裡，父親去了很久才回來，可能是四十分鐘，可能是五十分鐘。我猜，父親很用心地一家一家問，想要為全家找到一間不會太貴又有一些舒適感的旅店待下來。後來，我們住在哪一家旅店，我早忘了，照片裡留下來的，是瘦小的我倚著梨山賓館細緻的深紅色木頭欄杆。我猜，我們把梨山賓館當成旅遊景點拍了不少照片。

那個剛上小學的我瘦弱的身子站在路旁，等待走遠遠的路去問旅店價錢的父親走回來的影像，今天已經四十五歲的我依然記得。我在一個物質不那麼充裕的世界長大，父親母親，都盡力用心地，把我們養大。這一份盡力與用心，傳給了我，多年後成爲我成家之後當爸爸的重要基底。用我的語言來說，就是「深呼吸，不放棄繼續給愛」。

幸運的是，我長大以後有機會到美國讀諮商心理研究所，一路上吸收了不少陪伴人的專業知識、技能與心法。這些諮商與輔導的好東西，一天一天地內化，一天一天地在照顧孩子的生活裡，可以眞的被拿出來好好使用。

於是，「不放棄，繼續給愛的心」加上「諮商心理學的好東西」，就像一顆熱騰騰的心，透過手上珍貴的百寶工具箱，讓愛孩子、陪孩子長大變得越來越享受，越來越滿足。

能這樣寫書，我很珍惜，我想要繼續寫下去。

〈作者序〉

當孩子溫柔的陽光

黃錦敦

二〇一四年三月的某天晚上九點多，我坐在書房電腦前，嗒嗒嗒！敲打著鍵盤，努力趕著兩天後工作坊的講義。此時，女兒小蔓輕輕悄悄地走進書房，挨到我身邊。我很喜歡孩子這樣對我撒嬌，表達親密。我先微笑，接著把視線從電腦短暫移開，用手輕撫孩子的頭對她說：「把拔在趕工作，妳們先睡喔。」確定小蔓知道我的狀態後，我再次把注意力轉回電腦上，繼續在字裡行間耕耘。

約五分鐘後，我突然間聽見站在列表機旁的小蔓，發出唏唏嗖嗖的聲音。我轉頭一看，她已淚眼汪汪，手裡還拿著一張Ａ４紙。

我充滿疑惑又憐惜地問小蔓說：「怎麼啦？」

小蔓說：「不知道，我看這個就哭了。」同時把手中的A4紙遞給我。

我一看，這是我方才列印講義草稿的紙，因爲是草稿用途，所以我使用另一面已經列印過文字的回收廢紙。我拿起紙張，翻到背面一看，內容恰好是此書裡的一篇文稿〈眞實接觸自己的情感──「我想媽媽有哭，我有做自己」〉（請見第二〇七頁），是當初寫書修稿時列印出來的文章。就讀小一的女兒，已經可以閱讀一些國字，看來是她讀到裡頭的一些內容，所以流淚了。

我離開電腦走到女兒跟前，蹲下，用手抹去她臉上的淚水，問說：「妳看到哪裡，所以哭哭了？」女兒指著紙稿上的圖畫說：「我看到我想媽媽……還有我畫的圖……還有我愛媽媽。」本來專注在講義世界裡頭腦快速運轉的我，瞬間被女兒的柔軟觸動。原來孩子是因爲這些文字，又再次碰觸到愛。

若說我撰寫此書有帶著某些期待，那麼我的期待之一，就是希望透過這些文字留下紀錄，然後，當有天我的孩子長大了，不論是順境或逆境，只要他們需要，就可以回到這本書裡，重溫陽光的拂照，在這裡一次次找到愛，一次次記得他們是這樣被珍惜、被陪伴的。這是當父親的我，很大的盼望，因爲我知道「確定自己是被愛、被珍惜的」對一個人是非常珍貴的禮物。

當然，我寫此書的用意不止於此，我心裡還放著一個更大的期待：盼能透過此書的故事與觀點，傳遞一些溫柔的訊息到許多父母、師長或助人工作者的心中，經此途徑，讓許多孩子也有機會留下更多被愛、被陪伴的經驗。倘若眞能如此，我將爲自己能成就這樣的一份禮物給一些孩子而慶賀。

序末，再說兩件事情。一是在您翻開書頁前我要特別提醒：別把我和哈克當成「親職專家」了。這不是謙虛，我們只是和一般父母一樣，平凡且深愛孩子，所以我們在此書裡不會說著「完美父母」的故事。恰恰相反的是，我喜歡說我們如何受困、無助與生氣，卻又不放棄想辦法愛孩子的故事。我認爲一個家有受困的難受和努力的美好，這個家的故事才是眞實又好聽的。

另一件事，則是我想在此特別跟兩位重要的夥伴說說話：

太太，能和妳一起生養孩子，是這輩子最美好的經驗之一了。

哈克，能和你一起寫書，榮幸萬分！

Part I
當心理治療師成了爸爸

文—哈克・黃錦敦

我們——哈克與錦敦，此書的兩位作者——是多年的好友，我們有許多的共同點：我們同年、都是心理治療師、也都同為人父，我們生命裡因有這些共同之處，讓我們成為無話不談的朋友，讓我們對話時能深刻地共鳴。但這幾年相處下來，細看，我們其實有很多地方都不一樣，我們在心理治療上的做法不同，我們帶孩子的方式也很不同，但這些差異為我們彼此打開很不一樣的思維。所以我們發現，不論是共同點或差異處，都為我們帶來很好的影響。

「既相同卻又有差異」成為我們兩人合寫此書最美麗的地方，我們的核心是一致的，都是談父親對孩子的愛與溫柔，但我們的做法卻很不同，一樣地愛孩子，卻可以有兩種路徑。本書的第一個部分，就是從這裡開始的。我們兩位作者，透過文章的交互對話，像對聯一樣合組成一篇篇的主題文章，這樣的寫法，就是想讓讀者同時觀看到我們兩位筆者的異同。精采與深刻，期待能在這過程裡，激盪、展現。

以下的七篇主題文章，就請讀者慢慢欣賞，進入我們和孩子的世界。

1 如此，我們就眞的同在了

當我們「唉」在一起

文——黃錦敦

我們的人生，總會經歷許多階段的轉換，在這樣的時候，情緒常常因爲適應過程的不容易而上上下下。這個故事，發生在女兒小蔓從幼稚園剛升上小一的時候。

從幼稚園到國小，其實是很大的改變，同學、老師不同了，環境不同了，最不容易的是，在教室的規則與課程結構都變得更爲「制式」，也就是不再有像幼稚園那般的彈性與自由的空間。這些改變讓孩子在學校，行爲得更自制，不能想到就隨意行動；情緒得撐著，不能像幼兒一樣想哭就哭、想笑就笑。外在環境的要求——

上下課時間，才是最重要的結構。

孩子的情緒無法自由流動，上課得撐住，下課才稍有自由，回家，才能完全放鬆。所以這個階段許多孩子的壓力，常在家中才能放心地釋放。當然父母，也就會接收到孩子這些起起伏伏的心情。

情緒變化的關鍵時段

上學的壓力和在家的舒適，其實最明顯的分野有兩個時段：一個是週五晚上，放假了，有個大大的時段可以放鬆了，沒有什麼學校的「任務」一定得這時候完成，所以週五晚上的氛圍是非常快樂的。另一個分野的時段則在週日晚上，剛享受過兩天的舒適，想到明天又得撐住五天，哎呀！情緒沒有什麼遮攔的孩子，這時常常就會呼天搶地。

時間是某個週日晚上，場景在家裡的客廳，媽媽在一大堆的衣服前，一件一件地折著衣服，臉色不太好，這當然和隔天要上班有關。大兒子，在一旁看著小說，我則是剛帶完了連續兩天的工作坊，體力不支地在旁休息。這時候，小蔓突然在一旁開始嗯嗯唉唉，媽媽沒好氣地問：「又怎麼了？」小蔓悶悶地說：「我不想上學。」媽媽哼了一聲，淡淡地說：「又來了。」確實，這陣子小蔓常常這樣嚷嚷著，到最後常是被太太痛罵一頓，但小蔓似乎沒有因爲過去的經驗，而停止她想表達的情緒。

「我不要上學、我不想上學，我明天不要上學……」小蔓越說強度越大，我看著太太皺著眉頭，緊閉雙唇地「用力」折衣服，我幾乎可以想像接下來的劇本：太太把衣服一放，然後開始數落孩子：「只有妳要上學喔！這樣很辛苦ㄏㄡ~妳有沒有想過，妳去上學是坐在那裡，我們咧，我們要上班工作耶，不要在那邊一直唉唉叫……」

其實，大家都辛苦了

我說這段故事，不是要說太太很凶，想到隔天要上班了，太太心情也是繃著，而且到了晚上，我們這種中年人，力氣都不足夠，這種狀態來面對孩子的情緒，實在是挑戰太大。

我在一旁看到這一幕，全身開始緊繃，過去我看到這樣的畫面，我能做的就是像身處戰區的百姓，聽見火箭筒從遠處發射的聲音，「咻~」我就會趁火箭筒還沒爆裂之前，趕緊蹲在牆角抱著頭，準備迎接這場震撼。但那天的我，心疼太太老是爲這樣的狀態要發脾氣，我身體雖然疲累，但隔天因爲是休假，心裡反而有更大的空間，所以我那天的反應不一樣。

我趁著太太還沒有爆炸前，對著小蔓說：

「哎呦～這樣喔！明天要上學了，心情一定很不好，才會唉唉唉地叫！」

我同理了小蔓，接著就馬上轉向太太說：

「媽媽明天也要上班了，心情一定也不好，小蔓是這樣唉的，那媽媽是怎麼唉的？」

我猜想太太知道我想幫忙的心意，所以很有默契地，用著誇張的口吻，演出她眞正的心情，大大方方地哀嚎了幾句。

「ㄏㄡˋ～又要上班了，又要很早起，做了十幾年的工作怎麼都還沒做完，我不想上班……」

小蔓一輩子沒聽過媽媽這種反應，她在媽媽的哀嚎聲中綻放笑容。我這時候轉向大兒子采奕說，采奕明天要上學的心情呢？你是怎麼唉的？采奕就用鬱悶的口吻說：「我不要上學，我不要上爛學，我不要上屁學，嗚～」

哎呦，我讀國一的兒子，表達得也很傳神。

我呢？雖然我是明天家裡唯一放假的人，但爲了和家人同聲一氣，我展現了高度的團隊精神，也裝腔作勢地「假唉」了一下子。接著，我像指揮家一樣大喊一聲：「來，大家一起唉！」

一家四口唉聲此起彼落，不到一分鐘後，「唉」聲停了，大家笑了。

我眞的覺得很好玩，看起來很傻的一個活動，卻讓大家眞的表達了心情，大家眞的同在了，這樣的同苦讓小蔓那一天晚上，情緒可以表達，可以被接納，走過了這個歷程。更棒的是那天晚上，我那可愛的太太，不用花容變色地轟炸女兒，我呢！也不用抱頭鼠竄了。

好好地「唉」，所以懂到了心裡頭去

文——哈克

讀錦敦的〈當我們「唉」在一起〉，我一邊哈哈笑，一邊又很觸動。哈哈笑是因爲那個全家一起唉的畫面，能量上實在是瞬間移轉得太精采了！**從原本馬上就要卡死且充滿負向情緒的衝突點，剎那間就來到了一起同在的親近感！**

很觸動，是讀到錦敦描述當爸爸的傳神姿態：「像身處戰區的百姓，聽見火箭筒從遠處發射的聲音，『咻～』我就會趁火箭筒還沒爆裂之前，趕緊蹲在牆角抱著頭……」那是面對太太與孩子之間的戰役，兩邊，都是深愛的人，我猜，常常捨不得太太生氣，然後同時也心疼孩子的難受，是身爲爸爸的難處。我想有不少當爸爸的朋友們，都很熟悉這樣的場景與抱頭蹲牆角的哀怨身影。這個很獨特的、常常專屬於父親角色的身影，其實，**如果沒有好好地這樣被描寫出來，太太，不會自然就懂，而孩子，也不會自動就懂。**

好好地多說了一點本來以為孩子不會懂的我的內在

收到錦敦這篇文章時，我正和六歲的黃阿赧走在中興大學綠油油的森林步道。牽著女兒的手，我活靈活現地把這個錦敦叔叔家的故事演給她聽，黃阿赧聽了一直說好好笑喔！我對女兒說：「可以大家一起唉，眞是個好方法，我們家也來找機會用用看。」

一起唉，讓我想起了幾天前發生的事。那一天，我剛從高雄的工作坊現場回到台中，高鐵上我還回味著好幾個年輕的助人工作者在結束後的時間裡，跟我說著很心底的話，有幾個說著說著就嗚咽著很裡頭的眼淚。我用心撫慰著年輕脆弱易受傷的心，心裡很觸動，一方面高興著自己可以這樣給出陪伴，一方面又很心疼。

回到台中的家，心裡的觸動還很飽滿，同時身體也眞的疲倦了，而因爲身體疲倦了、給愛的能力也掉下來了，內在空間就咻一聲縮小了。於是，晚餐時分，在我們常去的小餐館裡，一下子小女兒「ㄎㄧㄤ康！」一聲湯匙掉到桌子底下的聲音讓我嚇了一大跳，一下子又是大女兒一不小心弄翻食物搞得衣服上黏黏濕濕的，我一把火瞬間就要燒起來，轉眼就要罵人了。

深呼吸，我緩了一緩。

因爲衝上來的氣很大，所以再深呼吸一次。

我調整內在音量，看著女兒說：「妳們知道把拔很累的時候，爲什麼好像很快就要生氣了嗎？」

夫人從湯匙**「ㄎㄧㄤ康！」**落地的那一聲開始，神經就已經繃得很緊了，這時聽到爸爸竟然在劍拔弩張的這個剎那問出這個問題，瞬間就從極度緊張移動到充滿興味地看著兩個小傢伙會怎麼回應爸爸。我們都沒有想到，平常霸氣十足的阿毛，竟然氣定神閒一點都不遲疑地回答說：**「因爲你一整天，照顧其他很多人啊！」**

哎喲喂呀！瞬間，我的眼眶，就紅了。

唉攸威呀！這個四歲的小女兒，眞的懂爸爸耶……

就這樣，被懂了，大概三秒鐘之後，很神奇地，我就不生氣了。不生氣，是因爲自己的辛苦在那個剎那就不是自己一個人孤單地承擔了。只是，四歲的小妹妹，怎麼會懂到這個位置呢？

我猜，是因爲有好幾回這樣的夜晚，我像這樣用心工作回家以後，控制不了脾氣就發了幾次火，孩子被我的發火給嚇著了，躲到媽媽的懷裡大哭許久。我猜，我一個人回房間浴室泡個熱水澡調整能量之後，回到孩子的臥房，跟女兒說：「黃毛毛，黃阿赧，來把拔懷裡，把拔抱抱妳們。」然後，我抱著其實很快就原諒爸爸的女兒，好好地說著一段話：

「把拔跟妳們說，把拔白天去陪一個又一個哥哥、姊姊、阿姨、叔叔，聽他們說心裡難受的話，又很認眞地想聽懂他們說不出來的那些想要的東西，然後把拔很認眞地聽了又聽，好好地照顧他們，然後把拔就好累好累了。那個好累好累，就好像黃阿赧姊姊一天要寫一百個生字國字加上注音那麼累……」

黃阿赧這時候忍不住說：「ㄏㄚˊ！一百個國字又一百個注音，那很累勒！」

「是ㄚ！就像那麼累，所以，把拔才會一下子忍不住生氣了起來，把拔不是故意要大聲地罵妳們，知道嗎？剛剛把拔太大聲了，眞是不好意思。下次，把拔會想想辦法，讓妳們知道把拔實在是太累了，妳們就可以也想想辦法，說不定可以照顧把拔。」

我猜，是因爲這樣在一次一次的上一次裡，我好好地唉了，我好好地多說一點本來以爲孩子不會懂的我的內在，所以，黃毛毛才會在這一次，說出那句讓爸爸窩心到了極點的：「因爲你一整天，照顧其他很多人啊！」

平常就讓家人有機會多懂你一些

我有時候會這樣想，我的父執輩很辛苦，常常需要在喝酒醉的時候，才能唉，才能跟喝酒的朋友們說：

「操！要這個就買給你，要那個就買給你，然後我自己省成這樣，一件衣服穿二十年也捨不得換，是有人知道嗎？」

「ㄟ！是怎樣！我每天這樣跑業務，身不由己地應酬喝酒，然後回家還要因爲酒味被排斥，還說什麼我愛喝酒，唉……」

「每次我照顧孩子照顧得好好的，他那個媽媽一回家，就衝去抱媽媽，然後我就好像變成隱形人，我只好一個人摸摸鼻子去看股票電腦螢幕，幹！然後還一直唸我說：『你一直看股票螢幕是要視網膜剝離喔！』幹！到底有沒有人知道我也是認眞付出啊？」

這些抱怨都是眞心話，一直到現在，跟朋友聚會吃火鍋，只要坐得夠久夠晚，隔壁這一桌，隔壁那一桌，就會出現上頭的這些經典橋段。所以，這不只是電視劇裡的情節，這是男人平常說不出口，所以只好在酒酣之際，藉著酒意壯膽說出的話語。

我常常想，如果這些話，可以在孩子小的時候，就好好地抱他／她在懷裡，一句一句好好說，說爸爸被上司罵心裡又窩囊又難受，說爸爸明天要上台講課緊張到血壓往上跑，說爸爸因爲和媽媽吵架所以一下子還不知道怎麼辦……會不會，說著說著，孩子、太太，就多懂了一點點。然後下一次，又快要飆人的前一刻，我們有機會停下來，問出那句救了自己，也救了全家的話：「你們知道把拔很累的時候，爲什麼好像很快就要生氣了嗎？」

我想，如果可以好好唉，說得更清楚地唉，會不會，孩子、太太有機會懂一點點，然後站在懂一點點的基礎上，多給了珍貴的愛與支持。

當我們「唉在一起」，就有可能「挨在一起」

前幾天，六歲的女兒黃阿赧在睡前的撒嬌時光裡，抱著媽媽說：「現在馬麻生氣，我沒有很害怕很害怕了。因爲我知道，馬麻的愛還在，只是馬麻的生氣蓋在馬麻的愛上面而已。」

一個孩子，怎麼會這樣說？

一個六歲的孩子，怎麼會知道在接收盛怒的時刻還擁有這麼珍貴的安全感與連結感？我猜，夫人一定不只一次，在生氣之後跟女兒說：「馬麻剛剛太生氣了，所以生氣就蓋住了下面的很多很多愛。現在，生氣過去了，愛就都上來了，可以好好抱抱妳了，我們和好，好嗎？」

如果我們因爲沒有放棄被懂的可能，所以有力氣時，就不跳過，再多說一點點，於是伴侶、孩子、朋友，可以在日後的歲月裡，帶著新的懂，來彼此對待或款待。

於是，生氣難受的時候可以唉一唉，說一說，生氣難受過去了之後，也可以唉一唉，說一說。**我們眞的沒有辦法決定別人怎麼聽，但是我們可以決定自己怎麼好好地說。**

於是，說不定我們可以來發起「大家一起唉」的活動，**當我們「唉在一起」，我們就有機會「挨在一起」依偎取暖。於是，當生命裡颳風下雨的時刻來臨，我們有可能多了懂我們的家人，一起迎接風雨。**

2 深呼吸，不放棄給愛

（林北）就是不放棄
——孩子只要媽媽，無計可施的爸爸

文——哈克

當爸爸一轉眼也六年多了。孩子小的時候，餓了要吃奶，基本上是非常有辨別能力的，她們眞的能辨別爸爸沒有奶，而媽媽有多到會噴到她的臉的豐沛溫熱的奶！所以，從黃阿赧小時候，到黃毛毛小時候，當嬰兒baby的時候，她們兩個小傢伙都有這樣的場景：前一刻還跟爸爸玩得不亦樂乎，下一刻突然發現肚子餓了，就一心一意掙脫愛她的爸爸，卯起來要媽媽。

所以，我記得剛當爸爸的前幾年，我常說：爸爸，是設計好要給孩子推開的；爸爸，幾乎注定是挫折的。

於是，被推開了，只好自己推開門，一個人騎摩托車在黑夜裡吹冷風，安撫自己受傷的心……因爲前一刻還擁有愛的連結，下一刻就被完整地晾在一旁被冷風吹。原本以爲，孩子大一點，斷奶了以後，會好一點，其實，痴心妄想。孩子在母親的懷裡吃奶，睡著，那是多麼親近的連結啊，常常，一連就是一輩子，何況孩子現在才六歲、四歲。

爲了和孩子親近，擁有身體、心理的連結感，黃毛毛出生後一直到滿兩歲，幾乎都是我一個人陪著黃毛毛入睡，搖嬰兒床，唱歌說話，摸摸她可愛的小腳。一直到現在，四歲的黃毛毛如果躺在我身旁，都還會拉我的手去摸她的小腳。即使這麼努力了，即使孩子已經長大一些了，她們那兩個傢伙，有些時刻，依然堅持只要媽媽，不要爸爸。

國際級的治療師也束手無策

這個故事，發生在某一個星期四的傍晚。那一天，我自告奮勇要帶黃阿赧小妹妹去雲門上身體律動課。於是，四點半去幼稚園接了女兒，一路上營造著開心的氣氛，讓小妞妞高興地跟著我，停好車在勤美誠品的七樓停車場，然後手牽手去吃拉麵，一切都挺順利。拉麵還沒有上桌前的空檔，正在學習注音符號的黃阿赧拿出作業本，開始寫作業，小小的手拿著筆，一筆一筆地刻畫著字，我輕柔地教著女兒拿筆的姿勢，一邊鼓勵她寫得很好。

忽然，眞的就是好像沒有前因後果的那種忽然，認眞地寫著字的黃阿赧，眼眶一濕，眼淚直掉。淚眼婆娑的女兒依然拿著鉛筆，嗚咽地說：「我好想馬麻，我想要馬麻馬上來這裡……」唉攸威呀！

我說：「今天是把拔陪妳去上律動課喔，馬麻接阿毛回家了喔……」沒有意外地，女兒悲從中來，大哭了起來！我心裡的OS馬上彈出來：

「吼！是怎樣！把拔就不好喔！」

「吼！怎麼一下子就變臉了啦！」

「乀！林北①是國際級的治療師乀！」（對啦，我知道啦，我知道國際級對黃阿赧一點意義都沒有啦！）

聽見心裡的OS，自己聽見就好了。好，**深呼吸，在深呼吸吐氣的時候，我跟自己說：「繼續愛她！」**

女兒，依然哭泣著……她想媽媽，很想很想，就是突然很想了起來……即使有十幾年的心理治療實戰經驗，我依然無計可施。無計可施的爸爸，就只能深呼吸。深呼吸、深呼吸、深呼吸，然後一次一次地跟自己說：「不要放棄！」

爲什麼不生氣，不是就很想發脾氣罵人嗎？爲什麼不直接生氣就好了？因爲，生氣一噴發，常常人跟人的連結就切斷了。在即將爆發瞬間位移的瞬間，如果能聽見自己的OS，深呼吸，然後想辦法不放棄連結，是親近關係裡很珍貴的滋養時刻（關於瞬間位移，有興趣的讀者可以參考哈克的第二本書《讓愛成爲一種能力》第九十八頁）。

用很平凡的深呼吸，繼續不放棄給愛

坐在拉麵店的角落，我很平凡很平凡地深呼吸又深呼吸，所以沒有放棄。沒有放棄，就依然有愛，沒有放棄，就即使薄弱，依然有連結。

好朋友錦敦說過，他最喜歡看哈克做治療示範時，做到卡住了、無計可施的時候，因爲這個時候，所有的技術都退位了，都放下了，都沒有用了，於是，人，良善的、努力不放棄繼續愛的那個部分就浮現了。錦敦說得好：「我想的是，『即使多麼難，都有一個人不放棄地繼續愛我。』這樣的經驗，是多少人一輩子夢想希望被對待的方式。」

是啊！**如果知道有一個人，真的會在很困難給愛的情境下，依然努力給愛，即使愛的能量不充沛不那麼流動，那一份願意撐起來繼續愛的心，會讓懷疑自己是否值得被愛的人，願意開始相信：會不會，我真的值得被愛。**是啊，真的是這樣啊！不是嗎？如果有人這樣對我，我也會開始偷偷地相信，我是值得被愛的，即使之前有多少不堪的歷史記憶。

那，那，那，我要不要試試看，暫時放下我被媽媽比下去的挫折感，深呼吸繼續愛，然後有機會給我的女兒這個無價的禮物。

於是，在拉麵店的角落，我和六歲哭泣的女兒，像是在黑暗無光的山洞裡，只剩殘留的一點點燭光……我撥了電話，讓黃阿赧和媽媽講電話。黃阿赧哭著跟電話裡的媽媽說：「馬麻～馬麻～我好想妳喔，我想要妳現在馬上來接我……嗚嗚嗚嗚……我想要妳現在馬上來接我……」我深呼吸再深呼吸，跟自己說：「不要放棄！不要放棄！我要繼續愛這個孩子！」一分鐘以後，我接過電話，我只有做一件事，就是不要開口請夫人來救我。我說：「我會繼續努力照顧女兒。晚上家裡見。」這一句話語，重要的不是語詞文字，而是語氣，是**那個句點**的語氣。那是一份決心，用一種句點的心情，說出要做到的決心。

夾一塊肉片，到女兒的兒童餐具裡，舀一勺湯，到女兒的小湯匙裡。**我用行**

動，讓女兒知道，爸爸今天會照顧到底。這個晚上，我沒有用任何催眠技巧，我沒有用任何威脅利誘，我只有單純地不放棄。

於是，牽著女兒的手，從勤美誠品走到雲門的上課大樓；

於是，看著女兒換好淺綠色的舞衣、白色的舞鞋；

然後，送女兒進教室，然後五十分鐘之後，用整副的心和迎接的眼神，接了下課的女兒，女兒笑著投入我懷裡。從雲門出來，我用興奮的聲音說：「把拔剛剛發現一條新的路，可以走回去我們的車那裡喔，很近喔！」女兒開心地牽著我的手，一起探險新的路！走到七樓停車場，我說：「妳找找看把拔的車，把拔忘了停在哪裡了。」女兒東張西望，歪頭回想，看著地上停車格的號碼，找到了！耶！我們一起慶賀找到了車，可以回家了！於是，開著車，看著跳完舞越來越開心起來的女兒在我的車子裡。坐在兒童安全座椅的女兒，看著駕駛座的我，微笑地說：「跟把拔出來，好好玩喔！」

晚上八點四十分，回到了家，女兒一進門，就興奮地跟媽媽說：「把拔今天帶我走一條不一樣的路耶！好好玩喔！那裡有一條長長的（步道），很安全，我可以自己一直跑一直跑，都不用牽把拔的手耶！」

夫人看著累壞了的我，說：「你沒有放棄，你真棒！」

而我跟自己說：「我還要繼續這樣愛，這是我可以給孩子最美的禮物。」

注釋

① 因為華文世界的讀者越來越多，馬來西亞、港澳、中國的朋友對於台灣常用的語詞不一定熟悉，所以，要來釋疑一下何謂「林北」。

阿毛曾經問我：「把拔，『林北』是什麼意思啊？」

我這樣回答：「阿毛，『林北』是閩南語的『你爸爸』的意思。然後啊，妳會發現，把拔每次說『林北』的時候，就是握緊拳頭下定決心，要照顧妳們，愛妳們的時候。」

還好，（林北）有兩種愛

文——黃錦敦

讀哈克〈（林北）就是不放棄〉這篇文章的前半部，當看到孩子用語言、用行動、用眼淚說著「我想要馬麻」的時候，我的心思，也飛到了幾年前，當我孩子還小的時候，這一句「我想要馬麻」常把那個心中充滿「愛」的我，瞬間帶到「生氣」的狀態。**生氣，是來自於挫折，更往裡頭說，是覺得自己「被拒絕」了——人在這裡，常是最脆弱、敏感的**。因此，前一刻把孩子逗弄到很開心的爸爸，下一刻卻看到孩子無視爸爸的存在，只嚷嚷著「我要馬麻」時，心裡眞的會涼了一下，好像有部眞空機，瞬間把心中充沛的愛抽空，一不小心，還會塡入無名的憤怒。這種特別的心理歷程，我也是當了父親以後才體會到的。

愛，常是困境的解答

不過說眞的，「沒有三兩三，怎敢上梁山」，敢當爸爸，就有當爸爸的能耐。

我也是當了父親以後才明白，心裡對孩子所蘊藏的愛，眞的厚實到可以撐住這樣的時刻，當愛被抽空了，撐住，繼續填進更多的愛。我想，那一個個下了班沒氣沒力的新生兒父母，在半夜裡用最溫柔的聲音安撫著哭鬧的孩子，不都是如此嗎？他們，太有理由可以抓狂煩躁，但他們也是一天天地撐起自己，繼續在這樣艱難的時刻給孩子愛。

所以，**生命裡，我們會因爲愛而受困，但生命裡，我們也常在受困裡，才得見珍貴而獨特的愛**。在哈克這篇故事裡，最讓我觸動的是哈克的姿態：「不知道可以怎麼辦？但我願意一次又一次，一次又一次，沒有要放棄。」這讓我想到我和女兒小蔓的這段故事。

罵孩子，常是因為內在沒有空間

人有一種情緒叫作「拗」，這是用來形容一種很難被理解與言說的情緒，而面對一個正在「拗」的孩子時，我們會發現，溫柔以對也不是，嚴厲斥責也沒用，這常讓父母陷入無助的狀態。孩子在成長過程中，常會有這種情緒。有時候來得又急又快，那如同一陣熱風襲過，忍一下就好，但有時候會持續一段不短的時間，就像整個季節的熱浪，很容易讓人抓狂。

這個故事發生在小蔓四歲多的時候，那段時間小蔓常處在很「拗」的情緒裡，幾乎所有的需求與挫折，都用哭鬧、責罵他人來表達，搞得我和太太內在都沒有空間，後來只要小蔓稍微哭鬧，我們就難以忍受，因此更常責罵小蔓。

罵過孩子的父母心裡大概也都知道，很多時候都只是罵自己爽的而已，因爲罵過了，孩子並沒有比較好，而且冷靜下來時，還會有後悔不已的心情，覺得何必用這樣的態度對待一個孩子。那段時間，我就是處在罵孩子、心情懊悔、又罵孩子、又再懊悔的循環裡。

有天晚上我狠狠地罵過小蔓後，心情很難過。我看著自己，皺起眉對自己說：

「實在不喜歡自己這種當父親的樣子，難看了。」

但我知道，我不能只停在這種自責裡，這樣一點用也沒有，所以我就在心裡繼續問自己：

「既然不喜歡這種當父親的樣子，那我喜歡自己當怎樣的父親？」

這個問句一出來，我就在心裡下了一個很清楚的決定：「即便我不理解小蔓爲何如此，但我願意爲她撐開一個空間。」我決定給孩子的情緒一個空間，我決定不要再如此罵她了。

隔天早上，我帶著小蔓要上學，她一如那段時間的狀態，用我無法理喻的方式吵鬧，我知道，新的練習要開始了。她坐在客廳的地上，雙腿亂踢、哎哎大叫，眼淚在臉上縱橫。我，深深地吸一口氣，蹲下來，說：

「怎麼了？怎麼突然生氣了？要告訴爸爸嗎？生氣沒關係，要不要告訴爸爸可以怎麼幫妳……」

我安慰她、同理她、聽她爲何如此生氣，過了幾分鐘，小蔓情緒逐漸平穩，我們站起來往門口移動。但走不到三步，小蔓看到一張老師釘在書包上的短籤不見了，她又把身體放倒在地上，坐著哭鬧、大叫。即便我告訴她這是老師要給爸爸媽媽看的，所以看完我就拆走了，小蔓仍固執地責罵我。我當下生氣地站起來，轉身掉頭，往前走。我心裡的OS是：「搞不清楚狀況，是怎樣，我當爸爸這樣對待妳還不夠溫柔嗎？還不夠有耐心嗎？要不要上學隨便妳，妳愛哭就自己在這裡哭……」其實，當了父親才知道，很多時候可以忍住手，不打孩子，忍住口，快步離開現場，都已經是充滿愛的行動了。但那天，我才踏出去一步，心裡就想到：「說好了，決定要給小蔓空間的。」

我，又深深吸了口氣，轉身，蹲下，好好地陪伴她。那天送小蔓出門，我一共「深呼吸、蹲下」三次循環，才跟小蔓從客廳走到門口，這一段原本十秒鐘就可以走完的路，我們走了十幾分鐘。

小蔓上了車，到了學校，我牽著小蔓的手，走到她的班級。在離去前，小蔓要我蹲下來，她給我一個很大很久的擁抱，用很安靜的聲音對我說：「爸爸今天工作要開心喔！」

斷了，深呼吸，再連結；斷了，深呼吸，再連結。

回程開車的路上，我觸動得濕了雙眼。那一天對於小蔓的「拗」，我其實一點辦法都沒有，但對自己「願意穿透問題，與孩子連結上」的心意卻感到自豪，我眞的比較喜歡當這樣的爸爸。

呼喚那個愛孩子的決定

回顧那天的歷程，其實每一個深呼吸，都是在接觸自己，接觸自己生氣、挫折的情感，但我不是告訴自己「不要生氣、不能挫折」，而是和哈克一樣，我在深呼吸的同時，努力讓被抽空的「愛」再塡回來，在深呼吸的同時，召喚自己「愛孩子」和「不放棄」的那個決定。

有一種愛，**是來自於天性，讓許多父母可以不求回報地愛著孩子。**有一**種愛，卻是來自於決定，讓我們在很多艱難的時刻，仍選擇不放棄，繼續地愛著孩子。**很幸福的是，在爲人父母的路上，在領著孩子長大的過程裡，我們有這兩種愛可以一起作伴。

3 你是一個很好的孩子——灌溉力量的泉源

一看，就看見整個人

文——黃錦敦

二〇一一年春天，趁著孩子放寒假，平時忙碌工作的我，爲了多創造些陪伴孩子的美好回憶，我帶了兒子采奕和女兒小蔓一起出去旅行三天。因爲孩子的媽得上班，所以這是我第一次自己帶著兩個孩子外出過夜的旅行。我其實很享受這樣的經驗，雖然辛苦，但能與孩子有更多的互動。在這篇文章裡，我要來說一個旅途中和孩子對話的小故事。

邀孩子好好說話

話說旅行的第二天，我開車在日月潭的環潭道路上，孩子打開車窗大方地讓風進到車裡，我吹著風，看著兩個孩子，心裡長出許多幸福感。心血來潮的我這時突然想和采奕好好聊聊，便問坐在一旁的采奕說：

「采奕，有沒有什麼地方是爸爸可以改進的？也就是有沒有哪些地方我需要調整的，你跟我講沒關係，如果有道理爸爸就會試著改……」

那是身爲父親的我，在這兩年越來越忙的情況下，想要避免在孩子成長過程中留下遺憾，所以認眞問孩子的問題。

采奕：「沒有啊！這樣就很好了。」

我：「你可以說沒關係，爸爸不是完美的，沒有人是完美的。」

我是眞心地想知道有沒有哪些地方是孩子介意的，我眞的願意改變。因爲有時候我也會對孩子沒耐心，也會叨唸孩子，也會花比較多時間在工作，一不小心也會有那種霸道的權威，我不完美。我也知道我無法全部改變，所以我想把力氣放在孩子最介意的地方，但采奕卻這樣回答我：

「對我來說，我是說『**對我來說**』，你就是完美的爸爸。」

我是不喜歡接受「完美」這個詞用在我身上的人，因爲我知道我不完美，沒有人是完美的，要求完美太累人了，內在常要承受許多不必要的苦處，所以，完美從來不曾是我人生追求的目標。但是采奕這個回答並不是說「爸爸都沒缺點，很完美」，而是「**爸爸即便有許多缺點，但在我眼中已經夠好了**」。

我當下很觸動也很震撼，只能點點頭來接收，因爲我想到的是，如果采奕問我同樣的問題，我可能連思考都不用，就能啪啪啪地說出一、二、三、四、五……孩子需要改進的地方。我無法如同采奕一樣地說：「在我眼中，你已經夠好了。」

采奕眞有著清澈的心，一看就看見整個人。

讓「心靈與生活」這兩個部落重新取得連結

在此我再來多談談「一看就看見整個人」這句話裡所蘊含的重要意涵。其實，我問采奕：「爸爸有沒有哪個地方需要改進的？」我這個問題所談的層次是「事件」，也就是我在詢問采奕，有哪些具體的部分我可以改進的？但采奕卻直接跳到另一個層次來回答：「對我來說，你已經夠好了。」這個層次我稱之爲「人」的層次。「事件」和「人」這兩個層次有什麼不同呢？我在此先說另一段故事。

屏東泰武國小，有一個名聞國內外的古謠傳唱隊，這幾年來，泰武國小的查馬克老師帶著一群孩子，學習許多祖先已傳唱千百年的歌謠，他們正努力復現消逝中的古謠文化。因爲在沒有文字的年代，這些古謠就是他們的生活、他們的經典、他們的情歌、他們的力量，這代表著祖先智慧的傳承，但在這個世代，許多祖先的歌謠已快被遺忘。

爲何要復現古謠呢？有一年我邀請查馬克帶著孩子們到我的工作室分享，那一天，查馬克一開場就說了一段話：

「每個排灣族人都有兩個部落，一個是生活的部落，一個是祖靈的部落。幾年前的一場八八風災，土石流沖倒了大樹、房子沒有了、學校壞了……老師和學生們永遠離開了山上的家……面對這麼大的挑戰，我們帶不走山上的風、山上的樹、山上的石板屋，但是我們可以帶走我們的古謠。只要古謠繼續吟唱，我們就可以接上祖靈的部落，內在就會有安定的力量，面對生活中的挑戰。」

這段話說著透過古謠讓他們得以和祖靈的部落連結，讓心靈走向安定，心靈安定了，就有能量回過頭來好好面對生活部落中諸多的挑戰。這樣的概念和心理治療其實有著很相似的思考，因爲許多人會前來尋求心理治療，表面上看起來都是在生活部落中遇到困難，例如關係嚴重衝突、失去親人、生活適應不良，但解決生活困境的解答，卻常常需要先到心靈裡尋找，讓心安定，讓人回復力量，才能轉身回到生活裡去思考該如何面對。

所以從我的角度來看，查馬克所說的「連結祖靈部落」，其中一個重要的意涵就是連結心靈部落。而心理治療就是照顧人的心靈部落，並讓「心靈和生活」這兩個部落重新取得連結的過程。

持續澆灌「人」這個層次，給孩子源源不絕的力量

有了心靈和生活這兩個部落的概念後，我們再回到本文所談的「事件」與「人」這兩個層次，就可以發現這和查馬克所談的兩個部落的概念是相似的。「事件」的層次，像是「生活的部落」，是具體可見的，有生活細節的。「人」的層次，則像是「心靈的部落」，是抽象的，需要透過感受才能接觸的世界。

在心理治療裡，所謂照顧「人」的層次，照顧心靈的部落，就是讓一個人能看見自己的價值、能接納自己、相信自己即便有很多缺點，我依舊夠好、我依舊可以有美好的人生。當這裡安穩了，有力量了，回頭再面對生活中的挑戰時，就更能撐得起來，內在就會有更多的資源。這也就是爲何「人」這個層次，一直是很多療癒者最常關注的地方，因爲這是核心力量所在。

這幾年時常在孩子床頭前道晚安時，微笑安靜地對著孩子說：「不管怎樣，你一定要記得，你是一個很好的孩子。」也有好幾次，孩子白天犯錯被我責備，但在入睡前的晚上，我眞心地對著孩子說：「做錯了，改進就好，我也會好好教你，你不用擔心，但你一定要記得，即使是這樣，你在我心目中，都是一個很好的孩子。」這就是在「人」的層次上工作。我想我們常說：「被愛的孩子，不會變壞。」指的就是如果我們**持續澆灌「人」這個層次，讓一個孩子內在擁有被滋潤的心靈，那麼在生活中即便遭遇困難，也都不會眞正地迷失、走了歪路**。

讓我們一起在這裡停留，一次次在「人」這個層次吟唱，因爲我相信，這裡才是孩子力量的泉源。

如果看見了整個孩子，就不那麼擔心了

文──哈克

讀錦敦的〈一看，就看見整個人〉，愛不釋手。在人來人往的台北轉運站的貝果早餐店，我一邊讀一邊流下觸動的眼淚。最讓我動容的畫面，是錦敦說著：「也有好幾次，孩子白天犯錯被我責備，但在入睡前的晚上，我眞心地對著孩子說：『做錯了，改進就好，我也會好好教你，你不用擔心，但你一定要記得，即使是這樣，你在我心目中，都是一個很好的孩子。』」

在觸動的眼淚裡，我想到我的兩個孩子。

我想著，可不可以，當黃阿赧想遠方的媽媽，而持續嗚咽二十分鐘無法停止，讓照顧著她的我，又辛苦又不知道怎麼辦時，可不可以想起，這個孩子，就是同一個暖暖貼貼的小東西，會在睡前挪挪身子靠到爸爸脖子旁，輕輕地親一下爸爸的臉頰，極致溫柔地說：「把拔我好愛你喔……」這一個讓爸爸融化的親愛的女兒，和傷心起來、思念起來無止境的孩子，是同一個，是一整個。

而當黃毛毛尖叫堅持狂哭的時候，想起，這個孩子，就是同一個豪氣干雲的小妹妹，在姊姊怕黑不敢自己去上廁所時這樣說：「妳怕黑喔，我陪妳去。」如果可以這樣看見整個孩子，會不會很好？如果這樣完整地看見孩子的全景，會不會，身爲父母的擔心與責任，不用像之前一樣那麼重那麼大，所以扛不下去？

一句話，就成為支撐孩子面對風雨的力量

思緒飄回一九九九年，那一年，我在美國馬里蘭大學攻讀生涯諮商碩士，那一年，遭遇情傷，我哭彎了身子，在一個很疼我的督導老太太面前，我這個三十歲的大男生哭到喘不過氣來，淚水叮叮咚咚滴落在異鄉冰冷的水泥地板。老太太摸摸我顫抖著的肩膀，心疼地說出我一輩子都忘不了的話：「Huck, you are a very good person!」

十五年過去了，我都依然記得那句話。那句話，像是大樹的根，瞬間深入土地，在那個像是土石流隨時會來的年紀，用了全副的力氣緊抓住泥土，成爲支撐著我接下來的歲月面對風雨的力量。

怎麼會這樣？

一個人就這樣說一句話！

然後，就這樣讓一個活在土石流隨時會來的年紀的孩子，當他又習慣性地懷疑

自己的時候，還可以有一點點的相信，I am a very very good person.

孩子，有人眞心地說，妳好美，她就有了相信，相信自己可以好美。

孩子，有人眞心地說，你好貼心，他就有了相信，相信自己可以有貼心的模樣。

孩子，有人眞心地看著他的眼睛說，你是個很好很好的孩子，他就可以在即將迷失的十字路口，深呼吸一口氣，回想起曾經擁有的心靈部落，那遠方傳來小小聲但堅定不移的聲音：「即使不知所措，你依然是個很好很好的孩子，你會找得到屬於你的路的。」

4 擁抱孩子，也擁抱我們自己

愛女兒的同時，也愛著自己心裡的孩子

文——哈克

清楚地記得，結婚第二年，我們家夫人懷了第一胎時，我好興奮地在去教書的半路上，打手機給祺堂，用客家話跟他說：「奈喔做阿拔勒！」（我要當爸爸了！）興奮之餘，排山倒海的擔心與害怕也跟著來，害怕自己沒有辦法當一個稱職的爸爸，擔心一旦睡眠常常被中斷，原本就辛苦的身體支撐不了……

還記得當時在大學教心理學的我，在高層次同理心的現場實作時，讓學生拿我當時新鮮上架的眞實心情，來練習同理回應。一位自告奮勇上台來的大三男學生，

聽了我快要當爸爸的害怕擔憂之後，這樣回應：

「老師，這是你人生第一次當爸爸，完全沒有經驗，所以慌張失措，一下子不知道怎麼辦才好，是嗎？」

唉攸威呀，同理得眞精準！一下子，就覺得被懂被接住了。眞的是這樣，因爲是第一次，所以是很正常很自然的緊張。同時**因爲是第一次，所以就會有第一個月，第一年，然後，就會有第二年第三年，就有機會累積屬於自己當爸爸的經驗，有了屬於自己的經驗，就不再是什麼都不知道怎麼辦的新手了。**

困難來了，就是集結資源的時機到了

就在忐忑的心情裡，大女兒在二〇〇七年七月七日來到了我們原本愜意步調的生活裡。剛當爸爸那幾個月，常常覺得自己照顧女兒照顧得很遜，女兒可愛逗趣的時候我當然很享受，可是女兒哭鬧的時候，總是需要夫人出馬解救我。困難挑戰來了，就是集結資源想辦法的時機到了！既然不喜歡這樣的自己，於是在大女兒七個月大的時候，我發動了一個新的練習——當我照顧著女兒的時候，我心裡想著：

「當我照顧著妳的同時，也似乎愛著自己心裡的孩子……」

於是，當我疼愛女兒、照顧女兒的同時，我也閉上眼睛感覺著，我心裡的小時候的自己，也被這樣的愛包覆著滋養著。看到女兒像是使性子地哭鬧，我深呼吸，帶著愛抱起她，擁她在懷裡，用愛滋潤著她，同時，就好像感覺到，自己內在那個有時候不知爲什麼會使性子哭哭鬧鬧的自己，也就被溫溫暖暖的愛整個懷抱在安全平靜的港灣了……

從小，我們總會有一些在那個時候，沒有被好好回應的種種，於是，當我微笑地看著、專注地回應女兒好奇探索的眼神時，彷彿，就在那個時刻，感覺到我好像也給了那個孩童時期有時候被忽略的自己，一份專注的、好好的回應……這樣的動作、這樣的深呼吸、這樣的懷抱，正好就是我第二本書《讓愛成爲一種能力》裡完整書寫的〈把遺落的自己帶回家〉。

生命，一定有遺落；

成長，不免有傷口；

關係，總是有起落；

於是，遺落，總是不巧會發生在生命的河流裡；遺落了，當資源到位的時候，就來好好地帶那個被遺落的自己回家。而我，剛好有這麼一個老天爺賜給我的好機會，正好懷裡擁抱著我心愛的女兒，於是我不用像心理劇的扮演活動一樣，需要拿一個抱枕來代替小時候的自己，我懷裡的女兒，幼小的生命，不就活生生地像是小時候的自己嗎？老天爺給了這個機會，咱們就來好好把握。抱著不舒服哭哭的女兒，就像是抱著小時候難受的自己；撫摸著想睡但無法入睡的女兒，就像是撫慰著其實很疲憊但休息不下來的自己……

有意思的事情發生了，自從我開始練習這樣的自我對話：「當我照顧著妳的同時，也似乎愛著自己心裡的孩子……」ㄟ！我發現自己竟然比較不容易身心枯竭耶！愛，似乎自然地就流動多了，而照顧女兒的時間，一下子竟然可以拉長三、四倍，連夫人都嚇了一大跳。一邊練習著，有時候心口會出現微微的觸動，就讓觸動舒服地發生，很開心，自己開始了這樣的觀想。

那一夜，我抱起哭哭的女兒，也抱著小時候的自己

就這樣，從黃阿赧七個月大開始，我把握著機會練習上頭的自我對話。一轉眼黃阿赧小妹妹四歲了，有一個夜晚，夫人從台北帶著孩子回到台中，孩子因爲在台北和表弟表妹玩瘋了，回到台中時雖然才晚上七點多，黃阿赧已經熟睡在車子的兒童座椅上了。

我到大樓的地下室停車場迎接夫人與女兒，用我打網球強而有力的臂膀抱起黃阿赧，睡著了的女兒在我的懷裡抽動著細細長長的腿，我低聲溫柔地說：「是把拔

喔，把拔抱著妳上樓睡覺囉……」五分鐘後，黃阿叔就已經在自己的房間裡熟睡了……而黃毛毛小妹妹，精神奕奕地一直到九點十五分才在爸爸的哄睡之下，終於睡著！呼！

於是難得的，和夫人在星期日晚間，因爲兩個孩子都睡了，偷得了九點十五分以後的聊天時光，我們倆坐在長長的沙發上輕鬆地說著這幾天發生的種種……十點整，黃阿叔房間出現哭聲，哭哭找媽媽。夫人轉頭跟我說：「我去陪她睡囉。」我說：「好。去。」十點十分，哭聲依然沒有停，而且越來越大。

「嗚嗚嗚嗚嗚嗚！」

「不舒服！」（媽媽問：哪裡不舒服？）

「鼻子不通，不舒服！嗚嗚嗚嗚嗚！」（媽媽拿了衛生紙擦擦、噴鼻子的噴噴，忙來忙去的……）

十點十五分，哭聲依然沒有停：「嗚嗚嗚嗚，鼻子不舒服，嗚嗚嗚嗚……」我估算一下，夫人的耐心很可能快要用完了，我再不過去，等一下黃阿叔小妹妹就快要被罵了。

十點十八分，我走到黃阿叔黑黑暗暗的房間裡，邊靠近邊說：「黃阿叔，來，把拔抱抱妳。」親愛的女兒沒有拒絕，極其眷戀母親的她，小聲地回答說：「好，可是等一下要抱我回來馬麻這裡喔！」我抱起四歲的女兒，說：「好。我會抱妳回來馬麻這裡。」

我抱起女兒，兩隻手臂穩定而有力地環繞著她，我用力道來讓女兒有了安心的開始。抱著女兒，我說：

「黃阿赧，妳本來從台北回來坐在車子裡，可是剛剛一醒來睜開眼睛，卻發現自己在黑黑的房間裡，沒有把拔沒有馬麻，所以妳很害怕，有一點嚇到，是嗎？」

伴隨著鼻音，女兒低聲地說：「嗯～～」

可能因爲被懂了一點點，有了承接與理解，女兒的哭聲，開始變小了。小女孩的胸口開始因啜泣而起伏著。我繼續說：「本來在車上，一下子就變成黑黑的房間，又沒有把拔馬麻，要是我，我也會害怕哭哭的……」

小女孩的臉貼著爸爸的心口，更安心了一點點。

抱著女兒，我從房間往有一點點光亮的客廳走去。一邊走，我一邊說：「妳看喔，這是我們的家，我們的燈，我們家的貓咪肚士遙，我們家的落地玻璃窗，妳回到家囉……」從客廳繞一圈，我順手拿起之前在澳門帶故事治療工作坊時用的玩偶小馬，放進黃阿赧的手裡，說：「來，小馬給妳，小馬陪妳睡。」小女孩似乎安心了，不哭了。我慢慢地走回房間，輕輕地把女兒放在夫人身旁，小女孩依偎著母親，就熟睡了。

那一夜，我抱著在黑黑房間裡醒來受驚嚇的女兒；

那一夜，我心裡的懷裡，也抱著六歲那年清明掃墓被骨灰罈嚇著的自己；

那一夜，我跟女兒說，回到家囉！

那一夜，我也跟心裡那個小時候不知所措的自己說，回到家囉。

我們長大的過程，不管父母再怎麼用心，總有缺憾與傷心。而今天，眞的開始爲人父母了，當了爸爸當了媽媽了，似乎就在說：「如果要負責，那就負起自己的責任吧。」於是，就負起了重新滋養自己，用溫暖包覆自己的那份愛的責任。

親愛的孩子，但願我能這樣，繼續守護你，看著你長大。

親愛的自己，但願我能這樣，一次一次帶自己回家，讓我們越來越完整，越來越有力量。

牽起孩子的手

文——黃錦敦

讀哈克〈愛女兒的同時，也愛著自己心裡的孩子〉這篇文章，讓我最觸動的是哈克這句話：「當我照顧著妳的同時，也似乎愛著自己心裡的孩子……」對我來說，哈克這篇文章極具治療性的意涵。他不只是告訴我們如何透過這句話，擴充自己的內在空間，以承接住孩子的需要，在這樣的歷程裡，我們還讓現在的自己成爲有治療力量的資源，回頭撫慰過去沒有被承接與照顧的自己。因此在這句話裡，我們不只照顧了孩子，還充實了自己過去所匱乏的經驗。

這讓我想到在女兒小蔓幾個月大的時候，有一天看見太太抱著襁褓中的女兒，輕輕地搖啊！晃啊！哄著孩子，那種溫柔，眞是太好看的畫面了。還記得當時太太抬起頭看著我，眼眶濕紅地對我說：「我好像在抱著小時候的自己喔！」那個畫面，那樣的一句話，裡頭有好多的情感和生命連結，好看到讓我一直放在心裡頭。

但那時的我並不太清楚這裡頭意味著什麼？直到讀了哈克這篇文章，才知道原來是「兩個孩子」在那樣的時刻，同時都被自己照顧滋養了。如此便大大地延伸了照顧孩子的意義感：我們照顧孩子的同時，也帶回曾被遺落在某個年紀的自己。在這樣的歷程裡，串起了三個人愛的相互連結，包括照顧者、孩子和小時候的自己。這種連結的陪伴方式，讓我也想起一段，我陪伴兒子經歷一次「手足衝突」的故事。

故事，從手足衝突說起

家裡有兩個以上孩子的父母大概都會有這樣的經驗，當手足之間相互友愛時，父母看了常會喜悅著迷，彷彿到了人間天堂；但當手足之間互不相讓，甚至爭吵打架的時候，父母看了常會心思煩亂，雖不能說這樣就是身處地獄，但心裡實在難受。手足衝突，這似乎是許多家庭熟悉的老掉牙劇本，我們不喜歡，但卻無法眞的完全消除，爲人父母的只能領著孩子一次次學習從憤怒、委屈的情緒大海裡，游回岸上，並爲往後的和平多做準備。

我家的兩個孩子，相差六歲，都很有主見，吵起架來，常驚天動地。我和太太許多時候會採取忽略的方法，希望他們學著自己吵自己好，但很多時候，他們眞吵過了頭，我們也不得不出手。

話說有次兒子采奕和妹妹小蔓大吵後，因爲差點演出全武行，兩個孩子被太太訓斥一頓。女兒若無其事地到一旁安靜地玩玩具，但兒子則一臉鐵青，身體僵硬地坐在家裡的樓梯上，從他一語不發、淚水堆積雙眼的面容裡，看得出來他比平時的生氣還要生氣；從他大大起伏的胸膛，間歇性用力地呼氣、吐氣的動作裡，也看得出來他正嘗試消化這樣的情緒。我猜想這時如果我鑽得進孩子的腦海裡，大概可以聽到千句百句的咒罵聲。

因爲太太已經扮演了制止衝突的角色，女兒又是事主之一，家裡看起來只有我還有空間扮演陪伴者的角色。於是我走過去坐在采奕身旁，先用手搭著孩子的肩膀，表達爸爸想安慰他的心意。但我的手一碰到他的肩膀時，他就像被「電」到一樣，身體用力挪了一下把我的手甩開，我聽到這樣的身體語言是在說著：「不可以，我還在生氣，不可以這樣就『安慰』了我，因爲不公平，我還不要『平靜』下來。」

總是要先梳理情緒

我沒有因爲孩子的反應就看成他在「拒絕」我，我低下頭，以眼神接觸他，用關心的口吻問說：「怎麼了？」采奕這時用很大的音量、抖動的音調說：「你們一直告訴我不要跟妹妹計較，不要跟妹妹計較，長大後她就會好，講了幾年了，你看她還不是一樣，什麼時候她才會長夠大？」然後就開始嚎啕大哭，像個受盡委屈又無助的孩子。

這時候，我再次伸出手輕輕地拍著他的背，他沒有反抗了，我就把手放到他背上，從上往下一次次慢慢梳理，我用動作陪伴他僵硬的身體。采奕哭過兩、三輪後，哭聲漸歇，這時我問他：「我說話你可以聽嗎？」孩子點點頭，這時候采奕的心和耳朵似乎可以打開一點點了。

對於他的處境「妹妹許多時候幼稚又不講理」，我眞沒有什麼高明的方法，我也無法徹徹底底讓妹妹的幼稚與不講理「不再發生」，因爲這個問題的完整解答是關於「時間」與「等待」的。既然我沒有方法讓妹妹「快速成熟」，而一路過來采奕也已經容忍很多了，所以那一天我就決定要好好陪伴采奕的情緒海嘯，我不想再告訴采奕關於什麼「兄友弟恭」的大道理。那天，我只坐在他的身旁，說了一段自己的故事。

「爸爸小時候，也常跟姑姑吵架，常常吵喔！我還記得好幾次因爲這樣被阿嬤拿棍子打。」

采奕沒聽過我說這樣的故事，他抬起頭看著我，好像在問我說：「那接下來呢？」

「我其實忘記那時候都在吵什麼了，我只記得我也常氣得半死。最誇張的是有一次，大概是爸爸十歲的時候，不知道和你的姑姑爲了什麼吵了起來，我們兩個都很生氣，但她竟然偷偷地把我放在抽屜裡的日記本撕成一半，我發現時當然氣死了，就跑到家門口，那裡有一個罐子裡頭養著她在水溝抓到的幾條彩色魚，我就把魚這樣一條一條地抓起來，也把牠們『撕成一半』……」

采奕聽到這裡，好像忘記了他自己的事，他皺眉抬頭看著我，那表情好像在說：「老爸，你怎麼可以幹下這種可怕的事！」

我點頭很不好意思地說：「我現在想到也很後悔，眞的很對不起那些魚……」這是眞實發生過的故事，現在想起來，實在很罪過，這大概是我這輩子做過最蠢的事了，但我決定在兒子這般困難的時候，拿出來和兒子分享。

我繼續對著采奕說：「所以你和妹妹現在會這樣並不糟糕，爸爸也曾經那樣，你會這麼生氣，爸爸也知道，這不糟糕。」「你看爸爸和姑姑就算以前吵了這麼恐怖的架，我們也是吵了好幾年，但你看到我們現在相處得好好的，我們現在也都是很好的人啊！」

采奕聽到這裡，人，安安靜靜的，過了一會他只淺淺地說了一句：「爸爸，我知道了。」然後走到書架前選了一本小說。那天，他在小說裡重新找到自己的平靜。

教孩子如何面對短時間無法解決的困境

要回頭說明那天我的故事是如何陪伴采奕之前，我先來說說我對於「困境」的看法。我把人生的困難粗略分成兩種，一種是找得到解決之道的困難，這樣的困難發生了，想辦法，解決了，就會過去。但有另一種是短時間無法「完全解決」的困難，這樣的困難會反覆發生，會持續一段時間，有時會好幾年，即便我們很努力，能做到的往往只是讓困難「緩慢改善或不要更惡化」而已。我想，人生裡眞正難面對的困難是這一種，而這種困難經驗，每個人一輩子大概都會反覆經歷幾次。從事心理治療十幾年來我也發現，會眞正困住人的困難常常是第二種。

教導孩子面對第一種困難，我們可以告訴孩子因應策略、解決技巧，只要能力技巧到位了，困難就能解開。但第二種困難，因爲時間久、不容易短時間找到解答，**面對這種人生困境，我們要教導給孩子非常重要的一件事，就是如何經歷這種困難的內在心態**。這種內在心態我們也常稱爲「人生智慧」，這裡頭靠的不是能力，也不是聰明，而是一種面對困難的態度與觀點。

這幾年我發現，當孩子遇到第二種困難時，如果我們也曾有類似的經驗，跟孩子分享這樣的經驗，述說自己當初也有的挫折情感、說自己當時如何在困難中走著，卻沒有喪失信念的故事是很重要的。如此看似並未給出解答，卻能在這樣的過程裡傳遞關於面對第二種困境的重要智慧。因爲說這樣的故事，我們就有機會跟孩子傳遞兩個重要的訊息。第一是告訴孩子：我們都不完美，連爸爸小時候也一樣，人，本來就不是完美的。用這樣的訊息，和孩子的困境同在，接納孩子目前所解決不了的事。**人在困境中，即便沒有解決，但被接納了，心，自然就比較能安靜下來。**

第二個訊息是：即使我們不完美也沒關係，看爸爸現在也活得好好的，也成爲一個可以照顧孩子的大人。困難是會過去的，這些困難即使一時之間我們不知道怎麼辦，都無法阻止我們成爲更好的人。

很特別，好幾次我說了自己小時候的受困故事後，即使孩子問題沒有解決，但卻像是融化般地，他們的內在有一塊就開始移動，然後可以不覺得自己糟或別人不好，再次撐起自己，再次打開笑臉，繼續他們的生活。

所以我們可以透過分享自己的受困經驗，傳遞宏觀豁達的人生視野給孩子，並藉此與孩子同在，生命在此相互連結，對我來說是非常具有深意的回應方式。

用生命故事傳遞人生智慧

從這裡來看，人生不論順利與否，我們所經歷的都可以是陪伴孩子的珍貴資產。順利成功，那很好，當然很值得傳遞給孩子；但那些辛苦困住的故事，似乎也不賴，可以在孩子受困的時候，與孩子同在，讓孩子知道「我們不完美，但還是可以擁有美好的人生」。

哈克透過「當我照顧著妳的同時，也似乎愛著自己心裡的孩子」的內在語言，讓我們照顧孩子的時候同時滋潤自己生命早期的內在小孩。我則透過敘說我們生命過往的經驗，與孩子同在，並傳遞人生的智慧。在這兩篇文章我都看到一個畫面，就是我們帶著小時候的自己和孩子一同牽起手，一起作伴、一起成長。

5 帶著祝福的視野，接上孩子的力量

她只是失望了

文——黃錦敦

二〇一三年十月某天，我簽女兒學校連絡簿時，得知學校週末有校慶活動，所以隔週週一要補假一天。小蔓知道我正看著連絡簿，所以等在一旁，待我看過後就仰著頭問我說：「那一天，誰要照顧我？」

「因爲爸爸媽媽那天都要工作，所以安親班會照顧妳，哥哥以前也是這樣安排的。」我如此回答了小蔓。

小蔓皺眉嘟嘴，直接表達對這種安排的不滿意，同時她也知道爸爸假日常工作，週間反而是比較有空的。所以這個小小女孩隨即挨近我的身邊，用水汪汪的央求眼神望著爸爸，說：「下個星期一你可以帶我嗎？」

我想為人父的，看到女兒這樣的眼神、說著這樣的話語，是完全沒有抵抗力的。我重新思量了一下時間安排，就對孩子說：「好啊！但是我早上要在咖啡廳裡寫東西，妳要安排自己可以做的事，爸爸需要安靜。」女兒開心得跳起來說：「好啊！」

親子間的美好時光

補假當天的早晨，我帶著我的筆電，小蔓帶著文具包，我們父女倆就到咖啡廳裡「工作」。我專注地寫作兩個小時，孩子則在一旁安安靜靜做著她的作品。我很享受這樣的時刻，我們各自專注做著自己喜歡的事，雖然過程中沒有互動，但知道彼此在身旁，心裡就會有許多滿足和幸福感。

我看女兒如此合作，心裡想回報她，就跟孩子說：「下午，爸爸不工作了，我帶妳去玩。」小蔓發出「呀呼～」的慶賀聲。我們花了十幾分鐘擬定下午的遊玩行程：從西子灣搭船到旗津，租協力腳踏車逛旗津，外加二十元的零用錢。我們都期待著即將發生的好事情。

但事情，常不照劇本演出

我們開心地吃完午餐，走路回車上準備前往西子灣的渡輪站，此時兒子的老師打電話來，說孩子已經頭痛一個上午，下午需要家長帶去就醫。我一邊講電話，在一旁的小蔓從片斷的對話裡已經猜測到可能的情況，她原本開心的臉開始出現擔憂。

我一掛上電話，小蔓就焦急地問：「還可以去嗎？」

我說：「我們不能去了耶，因爲要去接哥哥。」

女兒這時用身體語言，說出她最直接的反應。她先皺起臉，眼眶濕紅，跟著淚水咚咚咚地落下，最後全身癱軟坐在地上，放聲大哭，根本不管這裡是大馬路旁。

我其實知道小蔓這種心情。這是「不公平」的，因爲一個準備迎接的「好經驗」卻無緣由地不見了，況且她早上很努力了，也沒有做錯任何事，卻要付出如此代價。這其實是一種「失落」，當然不好受。

在有孩子的家裡，這種狀況幾乎是無法避免的，因爲對於已安排好的事情，孩子只需要專注在他所「期待」的事情即將發生就好，但成人在面對環境中的許多變化，常要衡量輕重緩急隨時做出調整。可是這樣的調整過程，很多時候做決定的成人，需要把孩子的期待延宕或取消，換句話說，孩子排在「首位」的事常在這過程裡被成人擱置在「後」了。這種狀況當然會衝擊到孩子，這不是誰對誰錯的問題，但孩子的失落，親子之間的衝突，往往在這裡就發生了。

堅持度高的孩子，很難放棄表達自己的聲音

既然事情的決定權在成人身上，孩子在面對這樣的處境時能決定的，就只剩下如何處理與表達自己的失落情感。此時有些孩子能很快地調整自己，跟上大人的節奏，但有些孩子則會持續哭鬧大叫，表達失落情緒。這兩種反應其實都沒有錯，但對大人來說，感受就很不同。

在發展心理學上，觀看孩子面對這種情境的反應差異，有一個重要的指標叫作「堅持度」。堅持度高的孩子，很難放棄表達自己的聲音，常會一直「努力地要」；堅持度比較低的孩子，則比較能跟著外在的變化，調整自己的腳步與心情，以順著外在的要求。可以想像，在這種情境下，面對堅持度高的孩子，父母當然會比較費力，所以在教養上，這一類的孩子帶起來會「比較不容易」。也因爲如此，這一類的孩子，通常也比較會受到責難與處罰。這其實不是孩子故意的，某種程度來說，這和天生的「氣質性」有關。

我，其實就是那種堅持度高的孩子，當年如果我遇到和小蔓一樣的狀況，我也是會不甘心地呼天搶地。所以小時候面對這種狀況，三個兄妹裡就數我最「固執」，因此也最常被父母指責「不懂事」，若運氣不好一點，還會招來一頓打。但我回想起來，這樣的指責或體罰，常讓我的內在變得更爲困難，因爲一方面我認爲自己是「委屈」的，但另一方面卻也眞的知道自己讓父母爲難了，好像眞的有「不懂事」，心裡也自責了起來。這裡頭的難受，常這樣一層疊上一層，其實是混亂複雜的。

看見孩子的損失，減少心理失衡的狀況

因爲我是這樣長大的孩子，所以我很清楚此時如果我指責小蔓「不懂事」，或要求孩子不可以有情緒，她就會開始累積委屈，甚至會引發許多憤怒，這樣的狀態，對身心和關係都不健康。那天的我，心裡決定要好好陪伴孩子一起經歷這個變化，讓孩子在這過程裡，能開始學習「面對失落」這個必修的人生課題。

那天，我在馬路旁蹲了下來，在小蔓的身旁，說：

「本來要去玩的，突然就沒有了，心裡一定會不開心，爸爸知道，妳沒有錯。眞不好意思，我不是故意要讓妳不能去玩的。」

走，才踏出兩步，她就問：「那可以進去哥哥的學校嗎？」

哇！小蔓在這裡又移動了一步，從原本只觀看「損失」的情緒裡，開始思考：「怎麼做還可以更好玩？」孩子在短短十分鐘不到的時間裡，有了這樣的移動，我心裡很讚歎。我欣賞小蔓展現的彈性與思考能力，眞找到一個可以照顧哥哥也不委屈自己的位置，我欣慰自己沒有在這過程裡，讓故事走到了指責孩子的劇本。

我牽著小蔓的手，笑著說：「可以啊，我也沒進去過哥哥的學校耶！」

下午兩點多，我在警衛室旁看著小蔓快步衝進玄關，抱著正走過來的哥哥。我遠遠地看見這一幕，在心裡感動著。當采奕和小蔓走到我跟前，我對著哥哥說：

「小蔓今天爲了照顧你，沒有辦法去旗津玩，你要謝謝她。」

我想，**如果我們想教導孩子懂事地體貼別人，願意調整自己，那麼可以在孩子走過這歷程後，給出感謝，此時體貼別人、懂事，才不會是委屈，才會眞正成爲孩子自己的「選擇」。**

這樣的孩子，其實是純眞飽滿度高的孩子

文——哈克

錦敦的〈她只是失望了〉這篇文章，最敲到我的心的，是「堅持度高的孩子」這個詞。

從小，常會聽長輩這樣說：「我這個老大很乖，奇怪，老二就脾氣很拗……」「我的兒子實在很愛哭……」這樣的語言，描述出一個孩子的問題狀態與父母的難受，可惜的是，失去了帶著祝福的心去好好看待一個孩子的珍貴特質。而當**「堅持度高的孩子」這樣的詞一旦取代了「不識大體、不懂事」的指控語法，照顧者的心情、孩子的自我認同，瞬間就有了很大的移動。**

一個被指稱爲「堅持度高的孩子」，可能與人溝通協調互動上，有不少需要補足的能力才得以適應，同時，堅持度高的孩子，長大以後，很有機會因爲能堅持、敢堅持，而活出很有味道的人生呢！我猜，錦敦是，我也是，我們不都是高度堅持著活出很想活出的樣子，而受苦，也因而豐富。

給出帶著敬意與祝福的命名

「讓自己心裡頭帶著一份敬意，試試看能不能給出帶著祝福的命名，然後看到這個特質在未來的路上可以有的珍貴之處」——這是這幾年，我很喜歡集中力氣來好好做的事。關於「帶著祝福的命名」，我想起了剛發生不久的故事，那是剛過的九月，黃阿赧小妹妹上小學一年級了，所以她的幼稚園同學們，也都離開了溫暖的幼稚園，分別到了各自學區的國小就讀。黃阿赧在幼稚園三年的時間，我和夫人幾乎每一個幼稚園的活動，都盡可能到場，所以很幸運很幸福地，認識了一個又一個充滿愛、充滿關懷的爸爸媽媽。

因爲黃阿赧中班時，我去了她的班上表演丟球雜耍，又在大班時去表演生活小魔術，所以黃阿赧全班同學每次看到我，都會興奮到不行！在那些可愛又瘋狂的小朋友裡，有一個小女孩和我最有緣。有好幾回，在校園裡遠遠地看見了我，小女孩會甩著她的馬尾，遠遠地衝向我，我總會熱情地把小女孩一把抱起來飛在空中。

這個小女孩，很單純很單純，喜歡一個人就很喜歡很喜歡毫無保留。小女孩畢業了，所以我不會每次去接黃毛毛時，就可以看到她那讓我想念的純眞表情與身影。那一天，在幼稚園的摩托車停車場，一腳跨上摩托車的我，巧遇這個我想念的小女孩的爸爸媽媽。我關心地問：「你們女兒上小一，學校規定比較多，她還好嗎？」小女孩的媽媽說：「呵呵，她神經很大條，所以好像還滿好的。」

停了一下，我誠懇地看著小女孩媽媽的眼睛，真心地這麼說：

「我們做心理諮商治療的，發現啊，神經很大條的孩子，長大以後，純真的飽滿度是最高的。而且啊，純真飽滿度高的孩子，能夠專心地享受一件事，不太能同時做好多件事，但是，可以完完全全地，愛一個人，喜歡一種食物，享受一個角落……」

小女孩的媽媽聽了，瞬間紅了眼眶，在秋天傍晚很涼的風裡。

我帶著愛，繼續看著摩托車上的小女孩的爸爸和媽媽說：「你們兩個，一定也有一個，到現在，純真飽滿度還很高！不然，養不出這麼可愛的孩子。」小女孩的爸爸，笑笑地指著摩托車後座的媽媽說：「就是她啦，她真的一次只能做一件事。」

這個小女孩，耳朵戴著助聽器。單純一次只能做一件事的媽媽，爲了頻繁的聽力復健訓練，辭去了工作，這幾年就這樣單純地愛著、照顧著小女孩。我帶著一份對這對夫妻的喜歡與敬意，繼續說：「媽媽能單純地好好做一件事，爸爸就辛苦一些，要承擔比較多的這個事那個事，一次要承擔好幾件事，眞不簡單。」

這個秋天的早晨在摩托車停車場，短短幾句話，心跟心，很單純很飽滿地交會。小女孩的爸爸媽媽，跟我揮手說再見。我轉了摩托車龍頭，往前騎去，心裡滿滿的觸動……

可不可以，我們這樣看世界？可不可以，我們帶著敬意，說出帶著祝福的命名。這個世界，會不會因爲多了一點點的善解與溫柔，而有了冬天的雞蛋糕，夏天的雞蛋冰？十幾年在理解人心的專業場域裡，我發現，人其實不怕辛苦，怕的是，自己辛苦，沒有人懂。

帶著敬意、帶著祝福的命名，讓人即使辛苦但可以不孤單。

別人可以責備我們，同時，我們誠心誠意地祝福自己

腦海裡又想起另一個故事，那是一個南台灣的早晨，我在一群熱情洋溢的年輕輔導員的圍繞下，做著生涯卡的現場示範。年輕人想學願意學，我就會好開心好開心，然後極盡所能地把我會的，全部傳給他們，心裡想著，這些年輕的輔導員，如果學會好東西，一輩子可以幫到好多人呢！

那一天，邀請上台作示範的主角，是個眼睛打得開開的，整顆心透亮透亮的年輕輔導員。她把自己挑出的前十生涯價值卡擺在紅色的絨布上，話還沒開始說，就

已經眼眶濕濕，我一說出關心的話語，她的淚水似乎就已經蓄勢待發地準備好了。我在心裡跟自己說：「這眞是一個能敞開、能接收心意的生命啊！」

年輕的她，看著自己的生涯卡，她說：「我很容易分心……」一如往常，「我很容易分心」這六個字，大大聲地在我的心裡呼喚著我。我知道，我沒有要讓這樣的話語溜過去。於是，一如往常，我認認眞眞地說：「等一下……」

表面上說的是「等一下」，更裡頭說的是：「讓我們不要跳過這裡，讓我們好好停在這裡……」

「等一下。別人可以說我們分心，我們不用跟自己說我很容易分心。

「什麼叫作分心？分心的意思，是有能力快速地從上一個主題那裡，移動到當下最關注的這裡。能快速地移動到最這裡的當下，是一份珍貴的能力。如果我們失去了移動到當下的能力，我們就很容易困在人生的苦裡，拔不出來。所以，別人可以說妳很容易分心，而妳可以跟自己說，是的，我有能力可以快速地從前一刻的那裡，移動到這一刻的當下。」

年輕的輔導員，聽著，然後眼淚成串地滑落在紅色的桌布上。

能移動，能接收，於是，飽滿地接收了我給出的愛，然後，就眞的在那個當下，收到滿滿的愛，然後用順暢的淚水大聲地說Yes。那一天，生涯卡做了什麼精采的示範，已經不重要了。愛在話語裡傳過去，年輕的輔導員，快速又完整地和想照顧她的我連接上，於是生命的風景，剎那間有了新的光亮。

可不可以，我們這樣看世界？可不可以，別人那樣責備我們，我們誠心誠意專心一意地，這樣祝福自己？

從小，我愛講話，很愛很愛很愛講話。國小五年級的時候，有一次去練桌球校隊，要代表大甲鎮去打台中縣桌球錦標賽。練球練得滿身大汗的我，遠遠地走近五年乙班的教室，遠遠地但清晰地，我聽見導師在講台上，跟全班同學說：「黃士鈞不在教室眞好，教室都好安靜……」唉攸！國小國中，記不得有多少回，我因爲愛講話，而被老師打嘴巴。老師總是一邊打，一邊罵我：「這麼愛講話，這麼不守規矩！」

我的臉頰一邊因爲被打而刺痛著，同時，刺痛的同時，劈劈劈劈的同時，我總是一次一次地跟自己說：「我很會講話，我講話很順暢，有一天，我會變成國際級的講師。」

可不可以這樣：**別人可以打我，我可以愛自己！**而四十四歲的我，寫著這一段的同時，牽起十一歲的我，一起這樣說：「我很會講話，有一天，我會學會好好說話，說給準備好接收的人聽，然後說出一句又一句撫慰人的話語。」

於是，別人說你過度思考（或過度理性），我們可以這樣跟自己說：「我的思考很順暢，我要來好好使用我的思考與理解能力，同時，我會讓自己的感覺可以在合適安全的環境裡，跟思考一樣自然流動地存在。」

於是，別人說你情感氾濫，我們可以這樣跟自己說：「唉攸威呀！對啦，我真的情深似海……我的情，又濃又厚，像春水堂香噴噴的熱奶茶一樣醇厚。同時，我也來邀請自己的清晰思緒，在必要的時候，一起出現，手牽手，大步走！」

可不可以，我們一起這樣看世界？堅持度高的孩子，因爲有機會被蹲下來的爸爸懂（當然也可以是媽媽、叔叔、阿姨或老師），因而沒有被魯莽地歸類成不懂事不識大體的類別。原本被命名爲神經大條的孩子，因爲被看見在現在與未來的時光裡，純眞飽滿度高，即將豐富彼此的人生，而被珍惜地擁入懷裡。

可不可以，我們一起讓這樣的良善與修爲有機會多發生一些，讓這片土地，有陽光，也有露水。

6 善用語言暗示，帶來新可能

「讓妳的屁股黏在沙發下的灰色靠墊，非常好！」——暗示性語法的妙用

文——哈克

「黃阿赧，讓妳的屁股黏在沙發下①的灰色靠墊，非常好！」這句話，是黃阿赧小妹妹大約一歲半，開始跟著電視上的巧虎搖搖晃晃時，爸爸就會說出的話語。

小朋友看電視，一定會看到入神，入神的時候，有兩個外顯的畫面，一是嘴巴會張開開（哈哈，我最喜歡講課時，學生聽到嘴巴張大大的模樣了！），二是屁股會自動化地往前移，不知不覺地靠近電視螢幕……當爸爸媽媽的，擔心小孩的眼

睛，就會一下子著急了起來。

「看電視那麼近，你是要眼睛瞎掉是不是？」聽起來有沒有很熟悉？很多朋友都是這麼被唸唸長大的。等到長大了以後當爸爸媽媽，也會不自覺地脫口而出，這樣跟孩子說。我看到女兒看電視時自動化地越來越靠近螢幕時，我心裡寫好的對白跟大家很像：「不要靠電視那麼近，靠那麼近妳的眼睛會近視。」覺察了，就硬生生地吞下這句我熟悉的家鄉話語，然後深呼吸，說出新的：「黃阿赧，讓妳的屁股黏在沙發下的灰色靠墊，非常好！」或是「去咖啡色枕頭那裡，把頭靠著咖啡色枕頭，然後把拔會給妳拍手喔！」

黃阿赧、黃毛毛小妹妹，就這樣在每天珍貴的三十分鐘看電視時間裡（小妹妹的爸爸，也就是我，也是這樣長大的，這是我從原生家庭裡帶來的好紀律），一次一次地從自動化地靠近螢幕，一次一次地聽到爸爸的指示語，然後往後退，退到屁股碰到沙發下的灰色靠墊，然後在屁股碰到靠墊的那個剎那，會聽到爸爸非常立體的讚賞聲：「非常好！」

一次又一次。現在，黃阿赧六歲，黃毛毛四歲，看電視的三十分鐘裡，屁股，有八成的時間，都是自動化地黏著沙發下的灰色靠墊。我猜，每回她們的屁股靠著灰色靠墊時，她們的心裡，都會自動化地出現爸爸已經內化到她們心底的讚賞聲：

「非常好！」

以行動暗示語法代替威脅保護語法

內化，可以內化恐懼威脅害怕危險。內化，也可以內化讚賞鼓勵支持愛護。生活裡，還有好多可以這樣說的例子：

「黃阿赧，來，把拔跟妳說，靠近河邊、靠近水邊、靠近池邊的時候，就先像這樣把身體彎低，蹲下來，對，很好，這樣就會好安全。」

「黃毛毛，來，坐下來，妳站在椅子上唱歌跳舞，把拔會緊張。來，坐下來，然後站在地上，就可以放心地讓手和腳一起盡情地跳舞！」

這樣的語言，我從孩子出生以後，就一直練習，讓自己逐漸可以從下面的習慣老語法裡跳脫出來。從小，老師、長輩，使用的習慣老語法常會充滿威脅意味：

「危險危險，那麼靠近水池，你不怕淹死喔。」

「下來下來，站在椅子上跳舞，你等一下摔痛了又要大哭。」

這些習慣老語法，背後都是關愛。這些習慣老語法，可惜的是，威脅的名詞與動詞，一不小心就像催眠暗示一樣，溜進了孩子小小的心靈，種下了日後怕東怕西不敢冒險不敢嘗試的種子。來拆解一下這兩種語法的差別。

（一）**行動暗示語法**：

「黃阿赧，來，把拔跟妳說，靠近河邊、靠近水邊、靠近池邊的時候，就先像這樣把身體彎低，蹲下來，對，很好，這樣就會好安全。」

（二）**威脅保護語法**：

「危險危險，小心小心，那麼靠近水池，你不怕淹死喔。」

威脅保護語法雖然帶著很多關愛，但因爲裡頭包含的危險害怕因子實在很豐富（危險危險、淹死、眼睛瞎掉、小心小心……），因而一不小心，孩子的心就在害怕的氛圍裡，建立了安全但框住了的家園。同時，孩子的心裡頭，存進去的關鍵字，就會很像恐怖紀錄片一樣，充滿害怕（淹死、瞎掉、腳斷掉）。

來看另外一種，行動暗示語法，用的是「可操作」「可學習」「可自己控制」的行動語言，像是：

「靠近池邊的時候，就先像這樣把身體彎低，蹲下來。」

「讓妳的屁股黏在沙發下的灰色靠墊。」

「來，坐下來，然後站在地上跳舞。」

這樣的行動暗示詞，帶著正向的行動指引，讓孩子有方向可以遵循，可以去做，而不是被驚嚇過後，然後被禁止做什麼。同時，行動暗示語法，用的暗示詞後頭會伴隨鼓勵與讚賞的語言，像是：

「蹲下來，對，很好，**這樣就會好安全**。」

「站在地上，就可以**放心地讓手和腳一起盡情地跳舞！**」

這些暗示詞，會讓孩子充滿希望地期待自己的未來，而且，是因爲遵循了照顧者給的正向行動指示，而能夠產生好的感受，因而更增加了後來他們願意繼續遵循的意願，與行動的可能。用更簡單的心訣，來說明如何從「習慣的老語法」移動到「行動暗示新語法」。這個簡單的心訣是：

讓「帶著擔心去阻止不希望發生的行爲」置換成「**帶著鼓勵給出直接的安全行動指引**」，於是，說不定有可能，孩子因爲清晰可操作的正向行動指引，而得到安全與照顧，同時，也帶著充滿希望的滿足感，在後來的人生，敢探險，敢自由，能勇敢。

黃阿叔小妹妹，從一歲多，長到現在已經六歲多了。五年下來孩子長大了，也開始有自己的想法了。所以，當我下了指令：「黃阿叔，讓妳的屁股靠著沙發下的灰色靠墊喔！」小女孩，不一定會像很小的時候照單全收了。六歲的她，會問：「那我把右手靠著沙發的邊邊，可以嗎？」呵呵，當然可以囉。重點不是要孩子完全聽我們的話，而是「一起想辦法」。把右手靠著沙發的邊邊，那一定就離電視足夠遠了，這是孩子一起想辦法一起進入合作的好狀態呢！下暗示指令的我們，其實，只是「先開始想辦法」的那一方。

生活小練習　幫自己生活中的自動化反應，換新的

步驟一：寫下一句原本自己常說的斥責句子。（像是：你那麼近看電視，是想瞎掉是不是？）

步驟二：來，置換成帶著善意與愛的新語句。

注釋

①因為孩子個子小，坐在沙發上會搖來搖去，所以我們家的孩子，都是坐在沙發「下」的地板上。

畫出美麗的畫面

文——黃錦敦

讀到哈克描述暗示性語法的妙用這篇文章，我哈哈大笑！讓我想到我國中時，著迷於梁家仁飾演喬峰的《天龍八部》以及鄭少秋主演的《楚留香》，有一次我正沉浸在喬峰的國仇家恨裡，我的身體展現最大的專注，越看越往前，突然母親在後頭用閩南語大罵著：「ㄚ你靠這麼近，是要和電視『相親』（親嘴）喔！」哎呀！關於「看電視的距離」所衍生的親子劇本，原來這三十幾年來還在台灣各地的家庭裡上演。

我們家現在還是有這齣劇碼，只不過當年親子的角色現在已經換過，成了我在旁一次次喊著孩子，說：「采奕，後面一點，眼睛會壞掉啦！」如果煩躁的時候，還會這樣說：「要我講多少次，你是講不聽喔！」看著故事一代傳一代，心裡也覺得好笑。所以看到哈克的這篇文章，說明如何善用語言本身的暗示性，讓孩子在愉快的基調裡，產生新的行爲，這眞是太棒的故事了，心中頗爲讚歎。

很多故事都從臉色不好開始

哈克的這篇故事，讓我想到一個最近我陪女兒小蔓的經驗。

有天我去安親班接小蔓，等了好久，班主任才領著小蔓出來。看著班主任手裡拿著小蔓的功課，再看看孩子的臉色，我就知道something wrong，我的內在就準備著空間好裝下小蔓的狀況。

班主任說：「小蔓今天不知怎麼搞的，字寫得比較不好看，這個『女』字旁，筆畫不對，都寫不好，你要她留下來讓我教她嗎？還是你回去教她寫就好？」

我看看小蔓，見她不太有精神，我就跟班主任說：「我回去教她就好。」然後，小蔓上車，我開車後從後照鏡看到小蔓不太說話，眼神也不跟我接觸，我猜應該是挫折了。每次我去接小蔓，我們見面，我一定是擁抱加問好，今天，情景不太一樣，沒有擁抱、沒有迎接、沒有父女的兩張笑臉相對，哎呀！有點可惜！

其實，小蔓上學到現在，功課幾乎不用我擔心，她愛寫功課的狀態，已經讓我覺得不可思議了。有次我帶著兄妹倆到文具行，讓他們每人各選一樣文具當禮物。那天，哥哥挑了一枝很炫的自動鉛筆，小蔓從文具行二樓走下來，手裡拿了一本國語習作。

「小蔓，妳拿習作做什麼？太誇張了吧！學校功課寫不夠喔？」

但小蔓執意要，我也沒轍，在那之後的連續幾天，小蔓回家沒事就寫評量，還要我和太太幫她打分數。所以，小蔓把寫字當成一種樂趣，學校的功課，我幾乎從不用費心。

我一定不會這樣說……

因爲知道小蔓是願意投入學習的孩子，所以那天我沒有太在乎小蔓的功課寫得好不好、筆畫對不對，我在乎的是這個孩子現在的情緒正在挫折中，和我連結都有困難了，今天的氣氛，不夠優。我，決定改變這樣的氣氛。

我一開車就對小蔓說：

「小蔓，寫了一下午的功課了，回家先讓眼睛休息，晚上想寫再寫。

「回去我可以教妳，但如果妳今天不想改這些字，也沒關係！

「不過如果妳要我教妳，我一定會好好地教妳，而且我教妳的時候，我只會看著妳寫，然後說：『這樣寫，很好啊！』眞的！妳負責寫，我就負責說這一句話。」

我一句一句說，透過後照鏡，觀察著小蔓有沒有接收到。小蔓其實都沒回答我，但從她的神情，我知道她正在聽著。我接著說：

「我一定不會這樣說：『小蔓，ㄚ妳是要寫多久啊？寫快一點好不好？』

「我也不會這樣說：『ㄟ～ㄟ～，這邊寫不好，擦掉、重寫。』

「我當然也不會這樣說：『哎呦，怎麼教都不會，妳自己不會多注意一下啊！』」

我齜牙咧嘴外加擠眉弄眼地表演，把這些看似罵人的話語，學得有點誇張。我看見小蔓開始微笑了，便乘勝追擊，說：

「小蔓啊！其實這一次作業沒有甲上也沒關係，又不是每次都要甲上的。」

這時候小蔓在後座大叫：「不行，一定要甲上。」

這時候，整個氛圍翻轉了，孩子對自己寫字這件事情有了自己的期待，不再是大人覺得她寫不好，要她擦掉、重寫了。對我來說，這叫作「要寫作業是她自己的決定」，**有了「自己決定」的狀態，孩子就會長出「自己努力」的力氣**。

「這樣可以了！」我真的這樣說

晚飯時，小蔓在上餐桌前，先拿出作業本，翻開要重寫的部分，坐到我身邊。

我看著那紙上寫過又擦掉的多重痕跡，知道孩子其實眞的有努力過了。我心裡的語言是：「孩子有努力就好了，這樣也沒關係！」

我開始教小蔓：「這一橫，妳有看到嗎？就是平的……」

「老師就說這樣不對啊！她就說是……」

小蔓語氣上揚、音量變大、聲音急促，看來孩子很快地和挫折經驗連上，用哈克的話，小蔓這叫作「情緒瞬間位移」。她曾在這個困難的點卡住了，所以本來平靜的狀態，一碰到就自動接上之前挫折的負向情緒，準備要爆發。

但我，心如止水，沒有因爲這樣而生波瀾，我心裡知道，她，不是故意的，她只是不知道怎麼處理這個挫折的情緒，就停在那裡了。

我說：「小蔓，妳就像畫畫一樣，把上面（範例）一樣畫到這裡就好了。」

我安靜地回應，把小蔓也帶到安靜裡，本來將要洶湧的浪濤，緩緩緩緩地平靜了下來。

小蔓開始畫字，寫了第一個後，有點歪，但我沒忘記我去接小蔓時的承諾，我眞的就說：

「這樣寫，很好啊，可以了！」

我眞心說的，我眞覺得這樣就好了。在這裡，我離開了「她這個字到底有沒有達到標準」的位置。她努力了，她也願意嘗試，我眞的就想跟她說：「這樣很好啊！」我完全不擔心，這樣子小蔓一輩子就只會停在這樣的標準，會不求上進。我不會在心裡開始進行這種災難性的推論。

小蔓又開始寫第二個，ㄟ～果然有練習效果，開始正了一點。

我又說：「ㄟ～這樣寫，很好喔～」

小蔓就一直順著修改完全部，八分鐘，就改好兩行字了。她拿給我看，我說：「我覺得很好了，但妳自己也可以檢查一下。」

小蔓拿起簿子看了一下，就回頭把第一次寫歪的字擦掉，重寫，完成。她順暢地闔上簿子，走到自己的位置，開始用晚餐。這一天晚上，跟我想要的一樣，我們有很好的教學與寫字經驗。

提供一個美麗的畫面，讓孩子可以思考、選擇

在此我用慢動作回頭看看，這過程中發生了什麼？

我第一句話就對小蔓說：「小蔓，寫了一下午的功課了，回家先讓眼睛休息，晚上想寫再寫。」在這個節骨眼，我要讓小蔓知道，**我對她這個「人」的關心，比作業（事情）還多，她才是最重要的**。對我來說，這句話是照顧，這句話是滋養，這句話連上的是愛。

第二句話，我說：「回去我可以教妳，但如果妳今天不想改這些字，也沒關係！」

我讓小蔓當主人，我把權力還給她，由她決定今天晚上要不要我教她，要不要重寫那些字。**權力還給了孩子，讓她自己做決定，動力常會翻轉，她就會成爲「學習的發動者」，至此，這件事才會眞的和她有關。**而我，一個父親，只是資源，我是來幫忙的，不是來「推」她完成這件事的。所以我不會逼小蔓，我沒有告訴她「這是妳的本分、這是妳的責任」，我用歸還選擇權的方式告訴她：這是妳的事，要寫或不寫後果都是妳要承擔，但若需要爸爸，我在妳身邊，我願意在妳身邊。

第三句：「不過如果妳要我教妳，我一定會好好地教妳，而且我教妳的時候，我只會看著妳寫，然後說：『這樣寫，很好啊！』眞的！妳負責寫，我就負責說這一句話。」還給了孩子選擇權之後，我開始發出一個訊息，讓我們確定若是讓我來教她，一定會有好的經驗，不會重複「挫折」。這一段我和哈克一樣，開始使用語言的暗示性，來宣告這會是一個好的經驗，而且我們還可以一起合作，讓這件事情變好玩。

接下來我連著說了好幾句「我一定不會說……」的句型。我把過去她可能經歷過或聽過的負向語言說出來，我在告訴她，爸爸知道這些經驗與說法都是會「逐掉」的，不管以前別人怎麼說，或是爸爸以前有沒有這樣說話，但這次我一定不會這樣說。這段話是爲了讓孩子內在有更大的安心感，願意信任一個好經驗可能會發生。但我沒想到，我這樣說著說著，學著學著，女兒眞的就被我逗笑了。

所以，我在這過程裡運用語言，「暗示」晚上會有快樂寫作業的氛圍。和哈克不同的是，他是透過語言的暗示性，對焦在孩子身上，直接引導出孩子的恰當行爲。而我則是運用語言的暗示性，對焦在自己身上，透過確定自己（爸爸）晚上會怎麼對待她，來轉換整個情境的氛圍，暗示孩子若投入這個寫字練習，「非常可能」會有美麗的畫面發生。當然這個「美麗畫面」是否會發生的決定權，有一半是在孩子身上，我宣告我這邊已經準備好了，至於她要怎麼回應我，我讓她自己可以思考，然後做出選擇。

讓孩子移動眼光看著自己

說實話，當天晚上她字寫得怎麼樣，我眞的不是很在乎，在孩子一次次面對挫折時，我更在乎的是，怎麼透過這樣的機會，讓孩子把眼光和力氣從「別人期待（她寫字要好看）」轉向「自己想要怎麼面對」，唯有這樣，孩子才能學習思考。眞的，**當我們把很多事，變成孩子自己的事，把很多決定權交回孩子自己手上的時**

候，孩子才有機會「長大」。

那天晚上我所做的，就是讓自己像一池「平靜的湖水」，讓孩子湧出的情緒可以被包容；那天晚上我所做的，就是讓自己像一棵「不動的大樹」，讓孩子慌張的心，有處依靠。

7 讓我們彼此呼喚

生命，本是相互影響

文——黃錦敦

在前一篇文章〈畫出美麗的畫面〉裡，我寫到：

「和哈克不同的是，他是透過語言的暗示性，對焦在孩子身上，直接引導出孩子的恰當行爲。而我則是運用語言的暗示性，對焦在自己身上，透過確定自己（爸爸）晚上會怎麼對待她，來轉換整個情境的氛圍，暗示孩子若投入這個寫字練習，『非常可能』會有美麗的畫面發生。」

在這段話裡，道出讓孩子展現恰當行爲有兩條路徑，一個就如哈克在「屁股篇」一文所使用的暗示語法，**用語言「直接引導」出孩子的恰當行爲**。另一個路徑**則是透過「準備自己」的狀態，讓孩子置身在一種獨特的人際氛圍，以增加孩子主動選擇恰當行爲的可能性**。這兩條路徑，一是聚焦在孩子身上，一是聚焦在自己（父母）身上，我認爲都是很重要的方法。

沒有策略，所以成交——關於「準備自己」

在此篇文章裡，我將更進一步說明「準備自己，如何能影響孩子行爲」的細節。要進入這個主題，我先來說一個旅行故事。這個故事表面上雖和養育孩子無關，但很經典地呈現「自己的狀態，如何影響對方」。

二〇一三年八月我們全家去了一趟巴里島自助旅行，在旅程的最後一天，我們旅行到了烏布。那天我們走在烏布著名的「藝術街」上，走著走著，逛到了一家專賣手作貝殼飾品的店家前，我和太太看到了一個貝殼燈，是我們非常喜歡的。我們眼睛晶亮地走進店裡，拿起貝殼燈，我使個眼色，太太就開始對著老闆問說：「這個多少錢？」老闆拿出計算機，按一按，拿給我們看：二十萬印尼盧比。太太接過計算機，按下十萬，拿給老闆看。老闆皺眉搖頭，再拿過計算機，按下二十三萬，說本來都是開這價錢的，已經算我們便宜了。

想就開始移動了一些事情。接著，我們又掏出全身的錢。說起來好笑又好糗，兩個慌張又困窘的人，在別人面前掏口袋、翻錢包地湊錢，不夠錢還敢跟人喊半天價，但那樣的我們，卻真實地呈現我們對她作品的喜歡，一副「脫褲子都想把這個燈帶回去」的樣子，我想是這個讓她瞬間從「老闆模式」，轉成「創作者模式、情感模式」。創作者作品被喜歡、創作者的情感一出來，心，就在不同的位置，所有後續應對的方式也全然都變了，暖暖的情感在人的身上自由流動，折扣、大贈送，統統都來了，那安靜的眼神，我想是這樣來的。

呼喚彼此的通關密語

我透過這個故事，說明了一個心理治療裡很重要的概念：「人與人是相互影響的」「人與人相遇，是會呼喚出彼此不同的樣子」。所以，當我們用「顧客」模式面對老闆的時候，她就會自然使用「老闆」的整組模式與我們應對，但當我們移動到「欣賞、喜歡她的作品到願意花光身上的錢」時，老闆的另外一個樣子，就被我們硬生生地呼喚出來，後面的故事，就完全不一樣了。人的改變，是可以從這裡發生的，在這裡就回應了「準備自己，如何可以影響對方？」這個問題。

從這個概念，回到上一篇文章〈畫出美麗的畫面〉我教女兒寫功課的故事裡，可以發現那天孩子的改變是源自於哪裡?從安親班載她回家的路上，和女兒對話的過程裡，我試著傳遞出愛，來呼喚她的自我價值感；我試著表現好玩的樣子，來呼喚她的鬆動與創意；我給出選擇的空間，來呼喚她的自己負責。我想，那天她改變的動力，是源自於她的這些樣貌，被我呼喚了出來。

若把這樣的概念運用到親子關係裡，就會出現一條路徑，讓我們有機會創造我們想要的親子互動模式。我們就能自己主動做些什麼，而不是只單向地「要求」孩子改變。**這樣的做法就是對焦在自己身上，就是「準備自己」，讓孩子與「這樣的我們」互動時，可以自然展現恰當的行爲。**

親子可以相互呼喚

當然，不只是大人可以「準備自己」來呼喚出孩子的某些樣貌，其實孩子的某些樣貌，也會呼喚出大人許多好看的樣子來。我再來說另一段故事。

時間是某個週日晚上八點多，地點在家裡二樓的客廳，我和太太正在看著剛租回來的DVD影片。這時女兒從一樓走上來，對著太太呼喊著說：

「媽媽，我要吃蘋果。」

「去叫把拔幫忙。」太太很直接地這樣回答。

如果呼喚有了一個名字

文——哈克

傍晚時分，收到錦敦寄來〈生命，本是相互影響〉這篇文章，關於彼此呼喚與通關密碼，我的心裡，馬上就浮現了我與孩子的這段故事：

那天傍晚，一如往常，我在大大的落地窗下的書桌，埋首回著似乎永遠回不完的E-mail。亞洲各地的邀約最近快速湧進，一封一封邀約工作坊的信，都有時效性，需要抓緊時間回覆。把早上精華時間拿來寫書的我，只剩下傍晚時分可以回E-mail，所以，時間有越來越緊的趨勢。就在這個時候，四歲的黃毛毛小妹妹跑跑跑，跑到我身旁，說：

「把拔，你來看我玩好不好？」

我一邊看著電腦螢幕，手沒有停止打字，一邊偏著頭說：「把拔忙一下，等一下過去找妳。」

過了兩分鐘，六歲的黃阿赧小妹妹也走到我身旁，拍拍我的背，說：「把拔，我畫了一張圖，你過來看，好不好？」

我依然忙著回信，擔心耽擱了別人的進度，轉頭跟女兒說：「把拔忙一下，等一下過去找妳。」

兩個女兒，都這樣眞誠地邀請我，而我，卻困在電子郵件的世界裡，變成「等一下把拔」。從小，我們幾乎都有「等一下爸爸」和「等一下媽媽」，**大人忙，大人累，「等一下」，一不小心就等於「沒有了」**。

看著窗外夜色漸漸漫起，我深呼吸一口氣，帶著活力，大聲地往孩子正在活動的方向說：「我的寶貝女兒們，過來把拔這裡！」黃毛毛、黃阿赧帶著一點疑惑與一點期待，走到落地窗旁的爸爸身旁。我看著心愛的兩個女兒，深呼吸一口氣（在心裡跟自己說：把我的溫柔呼喚回來），然後用溫柔又帶著懸疑氣氛的聲音說：「把拔要教妳們一個很好玩的通關密語喔！」

「那是什麼？」兩個女兒同聲又充滿好奇地問！

「把拔跟妳們說，下次，妳們看到把拔在那裡忙忙忙，一直跟妳們說『等一下』時，爸爸教妳們一個通關密語，只要妳們一說這兩個字，把拔就會放下手邊的事情，跟妳們玩喔！」

「眞的嗎？」「眞的嗎？」「是什麼兩個字？」

「妳們想要把拔陪妳們玩時，只要撒嬌地看著我，然後說：『葛格～』把拔就會大聲地回答說：『馬上來！』」

哈哈哈！兩個女兒半信半疑，又充滿興致地看看彼此。十秒鐘之後，我回到落地窗前，繼續回E-mail。一分鐘之後，黃毛毛走了過來，拉拉我的褲腳，彎彎的眼睛充滿期待地開口：「葛格~你來看我玩，好不好？」

哈哈哈，我停下打字的手與大腦，大聲地回答說：「沒問題，馬上來！」於是，在客廳，我凝視著我的小女兒……黃毛毛在我旁邊的地板上似乎正在專心地演一隻呱呱（好像是青蛙的意思）。她跳一下，呱一聲，她又跳一下，又呱一聲，然後她歪頭感覺一下，似乎沒有很滿意跳的動作與叫聲的搭配，於是，她停頓了一下，似乎在準備著，然後，忽然，黃毛毛從地板上跳起來，瞬間同時「呱！」地叫了一聲！哈哈哈，真是可愛到爆！

就這樣，我從「等一下把拔」，變成「馬上來葛格」。

黃阿赧發現妹妹用了通關密語之後，真的有用，在一旁笑得好開心喔！我小小聲地，像說祕密一樣地，說：「這是我跟妳們兩個的通關密語喔，不要跟馬麻說喔。」兩個小妹妹也都小小聲地回答我說：「好。」

不到兩分鐘，我聽到廚房那裡，傳來黃毛毛跟媽媽說話的聲音：「馬麻，我跟妳說喔，把拔跟我們有一個通關玉米喔！是叫他葛格，然後他就會馬上來耶！」哈哈哈！落地窗前的我，笑彎了腰。通關玉米耶！

爸爸，這個角色，太多歷史的影響，太多原生家庭記憶的殘留；媽媽，這個角色，這個名稱，也是帶著太多的記憶與習慣；而我，剛好是一個不讓習慣左右我的人，我把握每一個機會，創造新習慣。我的原生家庭有三個孩子，我上頭有兩個姊姊，所以，我沒有妹妹，也就是說，我完全沒有當哥哥的任何經驗。太好了，沒有經驗，就沒有記憶歷史的包袱。於是，我就從這一天開始，在關係裡，創造一個全新的新生的「葛格」新記憶。

新的名字，就有了新的呼喚的可能。

而新的呼喚，有可能帶來新的能量流動。

日子才過沒幾天，有一天突然發現，這兩個小傢伙，已經會在媽媽瀕臨生氣邊緣時，撒嬌又語音上揚地說：「解結～」

眞的是我生的，我承認。

Part II
在有趣的暗示語法裡，找回溫柔繼續愛

文——哈克

「黃阿赧，妳覺得啊，今天吃幾個花椰菜，加上幾根薯條，這個中午的快樂和健康加起來會最多？」

「黃毛毛，把拔跟妳說喔，妳晚上洗澡的時候，把腳底洗得熱烘烘暖呼呼的，到了上床睡覺的時候，會發現，一下子就睡著了喔！」

「小兔子有一個超級可愛的圓圓的小尾巴，圓圓的小尾巴在靜靜的夜裡，慢慢往下掉，每呼吸一次，小小可愛的尾巴就往下掉一點點，尾巴越往下掉，小兔子就越想閉上眼睛……又呼吸一次，眞舒服，慢慢地，就舒服地閉上眼睛，在這樣的夜裡，可以舒服又安心地睡著……」

上頭這一句句的催眠暗示詞，都是一不小心，或者說挺自然地，就在照顧孩子日常生活起居的時刻，用了出來，即使一直沒有刻意使用催眠暗示在當爸爸這件事情上。只是，助人專業裡擁有了的好功夫，不用也眞的可惜，就這樣，幾年下來，發現這些很舒暢的溝通語言，竟然從爸爸的身上，一天一天地傳到了孩子身上。

我自己，打從二十幾歲剛入門學習諮商治療時，就對於催眠暗示有極高的興致。那個年代，學習催眠需要付出的學費很高，而那時剛從國外拿到生涯諮商碩士回到台灣的我，口袋可是淺到一摸就見底的！怎麼辦？想辦法囉！那時候，我很幸運地爭取到了催眠現場口譯的機會，成爲國外催眠訓練師在台灣帶領訓練時的現場中英文口譯。於是，三年的時間裡，參與了一場又一場眞槍實彈的催眠治療與訓練，我一句一句地，把原本挺深奧的催眠語法，傳遞給台下的成員學習，而我自己，在模仿國際級催眠師的語調裡，很幸福地把催眠暗示學到骨子裡頭了。

十幾年過後，生出了兩個小可愛，逐漸在照顧女兒的日常生活挑戰裡，把這些內化了的催眠語法拿出來，和孩子一起互動。很開心也很驚喜地發現，透過這些語法與暗示詞，孩子逐漸和自己的潛意識建立了連線，能夠傾聽直覺所傳遞的整體訊息，進而流動地讓生活規律與養育的期許得以順暢發生。

對我來說，催眠暗示，絕對不是拿來控制孩子的工具。因爲每個孩子的潛意識，都很有自己的主見，不是霸道單薄的催眠暗示可以操控的。反之，透過催眠語法，我們有機會接近孩子潛意識裡，連他自己都不一定清晰理解的部分，因爲這些原本隱藏的、本來沒有機會被懂的內在部分被聽見了，於是我們更有機會可以眞的懂了孩子，進而讓愛的傳遞流暢起來。接下來的幾個故事，都是哈克生命裡珍藏的眞實片段，請慢慢品嘗。

1 以身體為溝通管道，讓「隱隱的聲音」被聽見

——「那明天，肚臍想上學嗎？」

小女兒黃阿毛三歲時，在端午節後就因為腸病毒而全班停課一週。老天爺保佑，可愛的阿毛健健康康的，從開始停課的星期四就獨享著媽媽與爸爸的愛。

心裡開心地看著阿毛和媽媽很親近，同時，自動化挺會未雨綢繆的我，心裡想著，這個越來越眷戀媽媽的阿毛，七天之後的星期三早晨，會快樂地去上學嗎？原本上學就有點困難的阿毛，半年來在幼稚園小班門口也發生大哭的場景好幾回，這次，在與媽媽身心珍貴相連七日之後，我實在是很有理由擔心一下星期三早晨的畫面啊！

星期三轉眼就要到來了。星期一早晨，不用上學的阿毛爬到我的懷裡，輕聲問：「把拔，今天要上學嗎？」我環抱著小女兒，溫柔地問：「阿毛，妳今天想上學嗎？」阿毛小小的眼睛轉呀轉，先是有點想點頭，又想搖頭①，三秒鐘之後決定搖頭。當爸爸的我，心裡猜著：這小子，心裡有想的部分，也有不想的部分。所以，我決定繼續關注地問下去。阿毛是個很身體型的孩子，跟偏向視覺型②的姊姊有很大的不同，所以跟阿毛溝通互動時，我常會觸碰她的身體，讓訊息傳遞更完整。

有了身體落點的溝通頻道，讓「隱隱的聲音」被聽見

我用左手摸摸阿毛的肚臍（音唸「度哉」），說：「阿毛，今天肚臍想上學嗎？」阿毛搖搖頭，但露出微笑，心裡想，好好玩喔！把拔怎麼會問我的肚臍呢？

我用手輕輕摸摸阿毛：「膝蓋呢？想上學嗎？」阿毛搖搖頭。

我輕輕碰著阿毛的小鼻子：「鼻子呢？」阿毛笑笑，點點頭耶！

我用右手摸摸阿毛的耳朵：「耳朵呢？」阿毛慧黠偷笑，搖搖頭……

唉攸威呀，真是太好玩了啦。一旁的黃阿赧小姊姊可樂了！跑去客廳跟媽媽說：「馬麻！阿毛的度哉不想上學ㄟ！」哈哈哈，真是有趣又新鮮極了。

來倒帶說明一下：我之所以會突發奇想，問阿毛身體各個部位想不想上學，是因爲既然這個孩子有想上學的部分（因爲她的同學老師都很好玩），也有不想上學的部分（因爲窩在媽媽爸爸身邊眞舒服），那麼，就**不要假裝**任何一個部分不存在，來讓這些聲音有存在的位置好了。於是，不想上學的部分有了身體的落點，而想上學的部分也有了帶著身體感受的力量存在。

身體位置，是小朋友少數可以言說的身體表達。三歲的阿毛，沒有足夠的話語可以描述她心裡兩方衝撞的聲音，一旦爸爸用了身體落點的問句（你的肚臍想上學嗎），很可能幫助孩子說出心裡的聲音。同時，這樣問下去，就知道、也確定了反對的聲音（不想上學）的存在，這個**讓反對的聲音浮上來現身，是最關鍵的所在**。**如果反對的聲音是存在的，但是被強壓下去或假裝忽略了，這個聲音常常會自動變大**。因爲被壓制，就會想要更大聲地表達，後果可能就是星期三上學時的大吼大叫。透過身體落點的問句，三歲的孩子可以讓心裡頭這個不太敢發出的聲音，有了一個位置可以安放；同時，因爲爸爸聽到肚臍不想上學，沒有立刻壓制地說：「怎麼會這樣！怎麼可以不上學？」於是，反對的聲音一方面被聽見了，另一方面又有了位置可以安放，於是就不會自動化地放大，走去那條讓全家人抓狂的路上。

注意喔，不想上學的這個反對的聲音沒有被贊成喔。它是**被聽見而且有了位**

置，同時，不用被贊成，不是一定要走到支持贊成的角色的。我們會害怕去聽見孩子的需求，常常是因爲以爲，一旦聽見了就要負責成全他。

不用不用。

可以聽到了、看見了、懂了，同時，想想還可以怎麼做。來，看看後來發生了什麼？星期一的我，其實不知道後來會怎樣，同時，因爲有了身體落點的溝通頻道，我開始期待著星期二與星期三可能發生的種種。

上面的問句與暗示詞有一個有趣的地方，是使用了「今天」這個詞。今天，我問的是**今天**肚臍想不想上學。在這裡使用「今天」這個時間語詞，是暗示著：即使今天不想上學，明天是有機會想上學的。這樣對於未來的可能帶著期待的心，是催眠暗示的重要心法。

因為「更懂了」，就有機會打開新的可能

星期二，開車回大甲老家，帶黃毛毛的阿婆和姑姑去郊外走走。在慈濟茶園大大的天空底下散步著，我珍惜地抱著黃毛毛在我的懷裡，然後不經意地，我假裝喃喃自語小小聲地發出聲音說：「不知道喔，今天啊，阿毛會不會多出哪裡，會想上學啊？」

因爲阿毛就在我懷裡，當然聽得見爸爸的問句囉。

「頭髮！」

我假裝正看著茶園壯闊的風景，假裝沒聽到（當你沒聽到，別人會放大聲音）。

「頭髮！把拔！頭髮想上學！還有頭！」

這下子聲音已經這麼大了，當爸爸的當然趕緊回應：「喔！頭髮還有頭喔！好棒喔！」這小子，問一個，答兩個！這下子有機會了。我搓搓阿毛可愛的肚臍：「度哉呢？度哉今天想上學嗎？」阿毛歪著頭，微微笑之後搖搖頭：「不想。」

太好了！**肚臍不想，但是已經微微笑了**。微微笑，我猜可能有兩層涵義：第一層是知道自己反對的聲音被爸爸接納的微笑；第二層涵義是，距離阿毛可以點頭說想，已經不遠了的微笑。這孩子，很有可能比我們任何人都擔心星期三早晨可能的難受。對阿毛來說，知道有可能可以點頭說想，是會微笑安心的。於是，摸摸她的可愛小屁股，我又繼續帶著笑意問：「屁股呢？屁股想上學嗎？」阿毛大力地點點頭：「想！屁股想上學！」太好了，力量出現了。力量一旦出現了，就先停留在這裡不繼續問下去了。**停留在有力量的時刻，讓大力點頭說「想！屁股想上學！」的這股力量，好好存在於孩子的身體，就好像留著一個美好迴盪的畫面在一天的最後**

一樣，讓已經創造的美好，滲透到一整天的感受裡。

星期二晚上睡前，黃阿赧小姊姊已經學會了爸爸的語法，開心地問著在床上滾來滾去呈不規則狀的妹妹：「阿毛！妳的賭宅想上學嗎？」阿毛回說：「嗯嗯……想！賭宅想上學。」喔耶！肚臍想上學了！躺在一旁的爸爸，聽到的這個刹那，心裡可是放起了咻蹦咻蹦的國慶煙火呢！肚臍的位置，是孩子安全感的身體落點。安全感的位置一旦說出想上學，明天早晨，也就是關鍵的星期三早晨，有希望了！

只是，不受控制的黃阿赧沒有讓爸爸停留在喜悅的時間裡太久，繼續好奇地問：「阿毛，那妳哪裡不想上學？」

ㄟㄟㄟ！妳給我亂問！（我沒有說出口啦！）

「嗯嗯，耳朵不想上學。」好，既然問了，我就來在這裡努力陪伴。耳朵從第一天到現在一直都挺堅持不想上學，那就來照顧一下耳朵好了。我說：「阿毛，耳朵不想上學喔？」

「嗯。」

「那耳朵如果聽到誰的聲音，會想上學呢？」我心裡想著，如果可以引導到幼稚園老師的聲音，或者是阿毛同學的聲音，就有機會突破了。

「嗯嗯，把拔的聲音。把拔的聲音會讓耳朵想上學。」嗚嗚嗚，我感動到快哭了啦！從出生到兩歲都是爸爸陪妳入睡，終於有這樣的連結與依戀存在了，眞是太好了。

關鍵的星期三早晨到來了。有點忐忑的夫人和興致高昂的我，帶著兩個女兒一起出門。到了幼稚園，阿毛依偎在媽媽的懷裡，我則先站在操場觀察今天幼稚園的全景：操場正在升旗，熱鬧非凡，國旗正飄揚，靠近小班教室那裡，陸續出現了依依不捨與掉眼淚的阿毛的同學們，因爲他們都跟阿毛一樣經歷了那溫馨自由的七日，而最安靜可以跟阿毛的耳朵說說話的，是教室後的圍牆邊，有小孩子畫圖的彩色圍牆那裡。

視線轉回女兒，正好看到阿毛在媽媽的身上伸出小小的左手，朝向我，是要我抱抱的意思。我把阿毛從媽媽身上抱過來，阿毛整個人環繞著爸爸的胸口和脖子。根據剛剛的全景判斷，轉個彎，我走到教室後方的圍牆邊，輕聲地說：「阿毛的耳朵啊，把拔來跟妳說說話喔，阿毛的耳朵聽著把拔的聲音，就會更安心。上個星期啊，阿毛的班上因爲腸病毒停課了，阿毛就有好多天跟馬麻快樂在一起，星期四、星期五、星期六、星期日、星期一、星期二，一直到今天星期三了③，阿毛很享受跟馬麻在一起，也有想念班上的同學還有周老師，把拔帶妳散散步走一走喔，我們來看看這個圍牆上的圖，妳看看，這隻乳牛像誰？這個綁辮子的小妹妹像誰？」阿毛一邊看著我指著的圖畫，一邊回答，一邊逐漸露出微笑，一度還咯咯笑，因爲有一隻蝴蝶，長得跟她的同學小晉晉實在是超像的！

往回走，準備進教室，小手抓緊爸爸：「把拔，我想再散散步兩次……」「好丫！沒問題，把拔抱妳散步兩次。」我們走過去圍牆邊，再指認一次牆上的圖與她班上的人哪個有像，走向教室，然後再來一次去圍牆邊，再建立一次與班上同學的連結感，然後走向小班的教室，阿毛，讓老師平安地抱了過去，進了教室。感謝老天爺啊！竟然眞的就這樣進了教室呢！

我沒有說這樣很容易，因爲每一個小地方，都是挑戰。我沒有說我很有把握，因爲每一個轉折，都有可能反轉直下。身爲治療師，我常常努力想辦法；而身爲爸爸，我總是在沒有把握的忐忑心情下，繼續試試看，一次一次跟自己說：「帶著愛，再繼續試試看。」

注釋

①注意到孩子有想點頭，而後來又搖頭，這樣的觀察，是後來那些精采與美好得以發生的「入口」。因為有這樣的觀察，發現身體訊息的兩個方向（有想，也有不想），於是有機會用語言與陪伴，從這個入口進去，來懂孩子、陪孩子。

②身體型、視覺型、聽覺型是人挺本性的差異。身體型的人喜歡泡湯、睡起來舒服的枕頭；視覺型的人喜歡漂亮的衣服、美麗的窗簾；聽覺型的人喜歡溫柔美好的聲音……

③這裡出現像是贅字的描述詞「星期四、星期五、星期六、星期日、星期一、星期二，一直到今天星期三了」，其實不是贅字，之所以要這樣一天一天地慢慢說，是因為在孩子的心裡，不是一下子就跑到星期三的，是一天一天地過的。所以，我們同步著孩子的內在經驗，同時，這樣的語詞安排，跟催眠標準流程裡的數數字（「等一下我會從一數到五，數到五時，你會……」），是一樣的原因，是為了讓聽者得以有準備地從這裡，移動到那裡。

2 暗示詞的設計元素

——「今天，妳可能會睡一個半小時喔！」

黃阿赧六歲那年的五月天，我們一家四口，首度挑戰環島五天的行程。會說挑戰，其實是對我這個爸爸的一大挑戰，因爲怕吵怕煩怕累的我，要跟孩子一起出遊，是一件要深呼吸八十次，才可以鼓起勇氣去實行的事。

第一天，到墾丁；第二天到台東杉原灣；第三天，到花蓮石梯坪。我們的行程規畫，都是早上玩、傍晚玩，而中午太陽最大的時間，我們就是開著車從這一站開到下一站。

第一天第二天，孩子在車子裡有著充足的午睡，黃毛毛小妹妹兩天都睡了兩小時，而黃阿赧小姊姊，兩天都穩定地睡了一小時，然後就在車裡醒過來，加入我和夫人的聊天。我跟黃阿赧說：「好好玩喔，妹妹都睡兩小時，妳都是睡一小時！」

黃阿赧說：「對呀！」

落腳在真實的位置，然後往上走一個階梯

第三天落腳在台東民宿小魚兒的家，大清早六點多，兩個小妞妞就已經準備好要去沙灘玩沙玩水了。可想而知，到了中午，當我們要開車往花蓮的路上，這兩個小子即將是瞬間入睡的。中午上路前，在都蘭的7-11，我們一家人吃著簡單的輕食，我**隨口**說了這麼兩句話：

「黃阿赧！妳昨天前天都在車上睡一小時，把拔覺得啊，妳今天會睡一個半小時，或者啊，說不定會睡兩小時喔！然後睡飽飽的，超開心的！」

黃阿赧大口吃著麵包、沙拉，喝著牛奶，隨口回答說：「喔。」

十一點半，從都蘭出發，孩子上車，我開著車。果然，瞬間，五分鐘不到，兩個小傢伙就已經熟睡了。從台東都蘭到花蓮石梯坪，一段不近的路程，兩個小傢伙都是整路熟睡。下午一點半，眞的幾乎是剛剛好兩小時，車子剛過長濱，兩個小傢伙同時睡滿了兩小時醒來。黃阿赧一醒來，就說：「ㄟ！我好像睡更久了耶！把拔！」

哎呀！眞開心呢！在心理治療場域裡操練多年的催眠暗示的能力，終於在女兒六歲這年，得以不太著痕跡地，用在疼愛的孩子身上了。這段話語，帶著爸爸的愛，帶著希望孩子睡飽一點的好意，用日常生活的簡單語言，給了出去。很簡單，但是帶著愛又使用了挺有意思的小方法。來舉個反例，讓這個暗示詞的力道更清晰：

如果在都蘭的7-11，我隨口說的是：「啊！黃阿叔昨天前天都只睡一小時，今天一定又是一小時就醒了。」如果我這樣說，孩子很有可能還是一小時就會醒了，那麼早上很早起而導致的需要多一些睡眠，就不一定可以在午睡中補起來了。

借用剛剛的例子，來說明一下催眠暗示詞設計的三元素：

「黃阿叔！妳昨天前天都在車上睡一小時，把拔覺得啊，妳今天會睡一個半小時，或者啊，說不定會睡兩小時喔！然後睡飽飽的，超開心的！」

（一）**可達成的**：從睡一小時增加到兩小時，是實際上可達成的。

（二）**可測量的**：兩小時這個數量，是可以測量確認的。因爲可測量，所以後來可以清楚地判斷之前所下的暗示有沒有發生效果，或者拿來考量下一次需不需要調整。也因爲確定數量出現在語詞裡，讓接收的人有清晰的方向可以期待或抵達。

（三）**正向語詞**：最後兩句「睡飽飽的，超開心的！」讓聽者覺得這會對自己有正向幫助。因爲知道對自己會有好處，讓聽者更想要試試看。

這三個元素，是催眠暗示在學理上很關鍵的內涵。同時，我自己覺得，帶著一份疼愛與對孩子的懂，來說出這一個暗示詞，是最最核心的。

環島的第三天過去了，我們在石梯坪的民宿裡，滿足地吃了海邊的晚餐。轉眼，第四天的太陽升起了。新的一天，就要用新的暗示詞了。催眠暗示詞，很怕使老了。

招不使老，讓暗示得以發生的小訣竅

招不使老的意思是，使用催眠暗示詞時盡量有彈性、有變化、有那麼一點點不一樣。招不使老的目的，是讓接收暗示的聽者，有一份**新鮮感**，有一種**被量身訂做對待的好感受**。

第四天的中午，吃完簡單的午餐，我們開車上路，要往下一站礁溪前進。這一段，是環島旅程裡最難開的一段路，要走美麗又驚險的蘇花公路。一家四人進了車子，車子發動了，孩子經過連續四天的旅行，身體心理都知道，中午吃飽上車，就是準備要睡大覺了。

車子一發動，握著方向盤的我，回頭問正準備要睡覺的黃阿赧小妹妹：「黃阿赧，妳今天要睡一個半小時、兩個小時，還是兩個半小時？」黃阿赧小妹妹歪著頭想了想，大聲地回答我：「兩個半小時！」我大聲地鼓勵：「太好了！」那天，蘇花公路因為大雨大霧，當爸爸的我整整開了六個小時才驚險地抵達礁溪。

六個小時的車程裡，黃阿赧小妹妹不知道哪裡來的潛意識控制感，眞的精準地睡了兩個半小時。唉攸威呀，孩子的心智能力，眞的讓我大開眼界！

來，倒帶一下，看看第三天的暗示詞A和第四天的暗示詞B有什麼地方是不一樣的。

暗示詞A（第三天）：吃午餐時，我說：「黃阿赧！妳昨天前天都在車上睡一小時，把拔覺得啊，妳今天會睡一個半小時，或者啊，說不定會睡兩小時喔！然後睡飽飽的，超開心的！」

暗示詞B（第四天）：車子一發動，握著方向盤的我回頭問：「黃阿赧，妳今天要睡一個半小時、兩個小時，還是兩個半小時？」黃阿赧小妹妹大聲地回答我：

「兩個半小時！」

招不使老的意思，就是：這裡稍微不一樣，那裡也稍微不一樣，就會很新鮮很好玩。讀者如果讀到這裡，很想練練功夫，可以先停一下不要馬上往下看囉！練習比較一下A和B的差別，挺好玩的！可以先讓你自己找出A與B不一樣的所在，再繼續往下看囉。

來一起看看A和B的差別：

差別一：時空不同

A，是出發前吃午餐時，在7-11裡下的暗示；B，是正要啓程時，在車上說的暗示詞。**時間點和空間落點**都不同，是爲了讓單調的語言文字在不同的時空場景裡活起來。

差別二：基準點不同

基準點就像是**踩階梯**的位置，A的基準點是前兩天的穩定一小時午睡習慣；B的基準點，是已經發生了的A的好變化（兩小時）。B的選項，其實已經暗示主角，你既然可以從一個小時進步到兩小時，那你當然有機會更往前走一步囉！B的三個選項，高度暗示著聽者可以選擇兩個半小時這個讓自己更完整休息的可能。

差別三：直述句與問句的差別

A是典型的直述句暗示詞（「把拔覺得啊，妳今天會睡一個半小時，或者啊，說不定會睡兩小時喔！」），而**直述句的強項是讓人有遵循的確定感**。使用直述句的暗示詞，下暗示的人要很有自信地說出那一段話語，些微的不相信所說的話會成眞，會讓這個暗示詞失去了核心的力道！

而B使用的句型是問句（「黃阿赧，妳今天要睡一個半小時、兩個小時，還是兩個半小時？」）。**問句的強項來自於提供選項**，人會因爲有選擇而覺得自由自在，因而更想讓那些好事情發生。

除了相異之處，很有意思的地方是A和B的相同之處。相同之處，常常是催眠暗示詞很値得被學習的所在。A和B的相同，主要有兩個地方：

（一）**帶著祝福**：兩個暗示詞，都帶著一份希望聽者得到幫助得到益處的心意。這份心意，其實是催眠暗示最純粹又美好的所在。一份良善的心意，希望孩子可以多睡一點，孩子睡飽了，就能更完整地快樂地玩耍。（當然，還是有很私心地想要孩子一直睡一直睡，這樣就不會吵爸爸啦！哈哈，這樣就不太純粹啦！）

（二）**充滿善意地提供選擇**：兩個暗示詞，都提供著選擇，**讓聽者知道，他是自己的主人**，他可以選擇對自己最好最合適的那個選項。催眠暗示的使用，絕對不是要控制對方，而是帶著善意給出幾個選項，讓聽者可以充滿控制感地，更往對自己好的方向前行。

A用的選擇語法是：「把拔覺得啊，妳今天會睡一個半小時，或者啊，說不定會睡兩小時喔！」前面的這句「把拔覺得啊」，說的是把拔這樣覺得，同時，妳可以有妳自己的覺得。而「把拔覺得啊」後面的語法，也是很典型的選擇句型，使用的是「妳今天會……或者啊，說不定會……」這樣的高度選擇性語法。

B用的選擇語法更明顯了：「妳今天要睡一個半小時、兩個小時，還是兩個半小時？」完完全全的選擇題語法，讓聽者有寬廣自由的選擇。

讀到這裡，可能也會很好奇：「第三天第四天是這樣，你們不是環島五天，那第五天中午呢？」

呵呵，第五天，我開心地繼續使用催眠暗示語法跟孩子們說話。第五天，中午一點半，我們從宜蘭出發，要回台中溫暖的家。帶過孩子的父母都知道，長程開車之前，一定要先趕小朋友去尿尿。當爸爸的我，牽著黃阿赧的手去上廁所，我充滿興味地問黃阿赧小妹妹：「黃阿赧！妳今天在車上，想要睡多久啊？」

黃阿赧小妹妹一邊大管大管地尿著尿，一邊毫不遲疑、大聲又充滿氣勢地說：

「我要睡兩個半小時！」

眞是有力量的回答啊！「我要睡……」沒有贅字、沒有遲疑、充滿確定感、充滿力量，完全就是自我催眠暗示的完美狀態。不知不覺間，這孩子，已經學會了爸爸花了十幾年，才會的一點點好東西。哈哈，眞是太棒了！

3 與潛意識溝通

——跟小精靈說說話：「今天可以吃幾根薯條？」

有一回，造訪好朋友理書在新竹寶山的家，中午時分，我們有了一段珍貴的吃飯說話時光。理書與先生宗展，點了一桌子豐盛的菜，我猜，是理書一家人想要款待我的心意，也可能，是這一家人擁有很能享受食物美味的快樂能力。

這頓午餐，最讓我難忘的畫面，是理書的女兒旦旦在大家都吃飽飯以後，問媽媽，可以吃布朗尼蛋糕加一球冰淇淋的甜點嗎？在那個剎那，我超級好奇理書會怎麼注意孩子的營養均衡與飲食健康，而理書想都沒想，轉頭說：「問問妳的小精靈。」於是，我看到了一個神奇的畫面：七歲的旦旦閉上眼睛，就這樣在餐廳的桌子旁，問起了小精靈……

讓孩子與自己的「潛意識直覺」建立連線

回到台中的家，我把我的兩個震撼跟夫人分享。第一個震撼是，可以這樣享受食物喔！第二個震撼是，要吃什麼可以這樣問小精靈喔!?

先來說說第一個震撼。理書的家，是那樣自由快樂地享受食物，而不是邊吃邊擔心這個營養均不均衡、吃那個會不會又需要運動三十分鐘才能消耗掉。理書一家人，沒有活在恐懼擔心的情緒下「吃東西」，他們好快樂地享受食物。於是，我跟夫人說，我們來吃健康，同時吃美味，也吃快樂，而不是每每吃這個擔心這個，吃那個擔心那個。在恐懼擔心裡維持身體健康，其實是挺不智的。我說，我們來挑選好的健康的食材，烹煮，同時快樂地享受食物！夫人深呼吸接收著，然後，接下來的日子裡，我們家的餐桌上，氣氛真的一天一天地轉變著。

餐桌上，原本常常出現的母女對話是：

「綠色青菜要多吃，不然……」（「不然」後面接的，就是帶著害怕維持健康的語言。）

「黃阿赧，妳要吃一點豆腐，補充蛋白質，不然妳……」（你一定聽得出來，其實，這些語法的背後，是帶著很多關心與善意的。）

上頭這些已經是自動化又習慣多年的對話，一天一天地換成：

「阿毛，來，我們一起來吃花椰菜！綠綠的新鮮的，吃起來好清爽ㄟ！」

「黃阿赧，這個豆腐，軟軟的，滑進妳的嘴裡的時候，豆腐會呵呵笑喔！」

於是，我們全家人開始，一起開心享受食物的美味，同時從食材著手找健康。

好，輪到第二個震撼了。第二個迴盪在我心裡的震撼是：「問小精靈喔！有人這樣做的喔!?」孩子想吃冰淇淋，媽媽如此信任地回答：「那妳問問妳的小精靈啊。」

回家後，我把從理書那裡吸收到的精華，試用在從小就「非常愛吃」的黃阿赧身上。那一天，我和黃阿赧一起吃午餐，在家裡附近的小餐廳點了一個簡餐，簡餐附了一小盤薯條。小朋友看到薯條，基本上是沒有抗拒能力的，我想，ㄟ，好，太好了，來試試看我們家的小孩，心裡有沒有住著小精靈！

黃阿赧的眼睛直直地望著薯條，我呼喚著女兒：「黃阿赧，妳很想吃薯條响！」女兒開心地笑著點頭。我繼續說：「等一下，妳閉上眼睛，然後問問妳心裡的小精靈。妳問問妳心裡的愛吃小精靈，今天想吃幾根薯條，然後接下來問問妳心裡的健康小精靈，今天吃幾根薯條會很好？」

當爸爸的，忐忑又好奇地看著女兒。

黃阿赧小妹妹輕輕地閉上了美麗無比的雙眼，眼皮眨呀眨，眼球也轉呀轉，頭還微微偏一邊，然後出現一抹微笑，睜開了眼睛，她說：「愛吃小精靈，今天想吃八根薯條。健康小精靈，今天想吃六根薯條。」哈哈哈！太酷了吧！這傢伙，眞的可以問耶！我開心地拿了七根薯條，放進黃阿赧的盤子上，她數了數，微笑著說：「七根耶，好棒喔！」

聽起來好笑的問法，正是「潛意識溝通」的基本功

大家還記得我問阿毛肚臍，也問屁股和耳朵嗎？這是讓孩子的各種聲音都有了身體的落點與傳遞的管道。在小精靈這裡，我也提供了兩個選項，愛吃小精靈和健康小精靈，**讓孩子心裡的兩個聲音，都有頻道可以播放**。

就在神奇的七根薯條出現的那個晚上，我去打網球，夜裡回到家洗好澡時，孩子都熟睡了，夫人輕聲地和我說：「今天黃阿赧吃晚餐時跟我說，你問她小精靈的時候，她閉上眼睛，好像眞的有一隻小精靈在跟她說話ㄟ！」呵呵，這樣喔！眞好眞好。就這樣，這個孩子，跟自己的潛意識，有了第一回合的親近接觸。好棒！好

棒！親愛的女兒，爸爸聽到妳這樣說，眞爲妳開心呢！

聽小精靈跟自己說話、跟小精靈說說話、問問肚臍今天想不想上學、問問耳朵誰的聲音可以幫忙你走進教室，這些聽起來有點好笑的方法，都是很正宗的「和潛意識溝通」的基本功。會有點好笑，是因爲這些方法所用到的頻道，是跟身體跟直覺比較靠近的管道，而不是我們慣常腦袋運作的方式。也因爲不是慣常的方式，用起來特別有意思。

我們的意識，被日漸混亂的所謂健康資訊給占滿了，像是原本二十年前媒體資訊都說早餐喝牛奶很營養，而這幾年，怎麼好像又有更多的健康飲食權威人士說著，牛奶說不定還是給牛喝比較好，也說著，三十年前很多人喝的豆漿，其實有可能更健康。

吃這個好，還是吃那個好？

說不定，**如果可以建立與潛意識溝通的管道，我們就不用只能依靠媒體資訊來判斷好壞了**。所以，我們不是問這個好，還是那個好，而是，更爲自己量身訂做了新的問句：「**對我的身體來說**，今天這個時候吃這個，我的身體會舒暢快樂嗎？」

而且，不是只有小朋友可以問小精靈的，我們長大以後，當了爸爸媽媽之後，也可以問自己：「親愛的身體，親愛的潛意識，今天的晚餐，吃牛筋牛肉紅燒牛肉麵好嗎？」然後，安靜地閉上眼睛，聽聽身體的訊息，看看有沒有什麼反應。如果沒有反應，就換換問句：「親愛的身體，親愛的潛意識，今天晚餐換成吃清燉牛肉湯麵好嗎？」

願意問，即使一開始沒有聽到答案，也會因爲願意問，潛意識的資源，就有機會開始漸漸連上。說不定有一天，你可以在吃飯前，才剛輕輕閉上眼睛，連問都還沒問，就已經聽見了心裡頭的小精靈說：「吃清蒸樹子鯛魚吧！」

這樣跟孩子溝通，有機會讓孩子學會順暢運作自己內在的方式，而不是只有學會聽爸爸媽媽的話而已。這樣跟孩子互動，讓孩子更有機會與潛意識建立關係，甚至學會運作自己，讓資源更快速有效地在必要的時候到位。

和潛意識溝通，從小開始，會很好。和潛意識溝通，從當了爸爸媽媽之後才開始，也很好。一旦開始了，生活裡的互動會有趣精采；一旦潛意識的資源發動了，有時候，夜裡的夢境所傳遞的訊息也會清晰明朗起來（對夢境隱喻訊息有興趣的讀者，可以參考哈克的第一本書《做自己，還是做罐頭？》PART 4）。

爸爸：「好ㄚ！可是，妳不要用泡泡洗到我的嘴巴喔！」

阿毛：「好！我不會洗到你的嘴巴，但是啊，洗嘴巴ㄚ，其實是很舒服的喔！」

阿毛的回應包含**催眠暗示裡的核心四元素：（一）簡短有力、（二）精準同步與承接、（三）瞬間轉換改觀、（四）充滿美好的暗示**。

「好！」（同步、承接）

「我不會洗到你的嘴巴。」（同步、承接）

簡短的直接回應，不拖泥帶水，又完整承接。你說你不要洗到嘴巴，我就直接百分之百地答應你，讓你安心，讓你放心。同步的意思，指的是，真的站在接收者的立場，想著對方需要的是什麼，同時表達出來。

「但是啊，」（瞬間改觀／轉換）

直接反轉直下，帶出新訊息。因爲是瞬間變化，聽者常常還來不及反應，就咕嚕咕嚕一大口接收進去後面的訊息了。

「洗嘴巴ㄚ，其實是很舒服的喔！」（美好又有力量的暗示）

這個臭小子，不知道怎麼學會的，竟然會用這樣的語法。那個「洗嘴巴ㄚ」

的「ㄚ」是哈克的催眠語法裡的關鍵用語，像是生活裡的隨口說說，像是輕輕鬆鬆不經意地聊天，然後就下了重要的暗示詞。而且，這裡有更細緻的地方——我說的是：「妳不要用泡泡洗到我的嘴巴喔！」我用的是「洗到嘴巴」，黃毛毛這個臭小子用的是「洗嘴巴」。

洗到嘴巴，跟洗嘴巴，差別可大了！洗到，是指不小心沾到；洗嘴巴，是說整個都洗耶！黃毛毛一口氣就把尺度拉大，不只是洗到而已，還要整個洗。還有，這個小傢伙，最後一句結語用的是：「其實是很舒服的喔！」讓我驚訝不已的是，黃毛毛竟然會使用「**是很舒服**」，而不是「**將會很舒服**」或「**會很舒服**」。這個「是」充滿就是會實現的力道，而不像「會」或「將會」這樣的語詞，比較帶著預期可以發生的可能性味道。

這小子，眞的是厲害極了！把我這個國際級的催眠師，治得服服貼貼，完全無招架之力，任憑她用一堆泡泡攻占了我的鬍子和嘴巴。在浴缸與泡泡裡，我們父女倆，一起笑得超開心的！

這孩子，才三歲，怎麼就學起來了呢？我猜，生活裡，我常常是這樣跟她們說話的。大部分的時候，**我並沒有要勉強孩子什麼，同時，我會用催眠暗示鼓勵她們嘗試點什麼不一樣的，來打開多一點點的可能性。**

記得有一次，我從澳門帶完工作坊回來，夫人正開心地坐在餐桌旁享用著澳門名產手工杏仁餅。一旁，從小就不喜歡杏仁味的黃阿赧，聽到杏仁兩個字就已經皺起眉頭了，媽媽一吃，正要搖頭晃腦讚歎香氣迷人的剎那，黃阿赧開口了：「好臭！我不喜歡杏仁！」

唉攸，我實在捨不得大女兒這樣破壞了夫人難得享用點心的時光，於是，**我轉頭看著小女兒**（這裡的關鍵是看小女兒喔，不是直視大女兒喔），說：

「阿毛，我跟妳說喔，把拔這次帶回來的這個很香很香的餅，跟以前的不太一樣喔，這次的特別香，其實丫，特別好吃喔！」

阿毛聽了，順手拿起了我給她的一小塊塞進嘴裡，搖頭晃腦地說：「眞的耶！眞的特別香特別好吃耶！」對面的黃阿赧這時候就忍不住了：「把拔，我也要一小塊！」呵呵，我剝了一小塊，帶著珍貴的表情，遞進黃阿赧的嘴裡：「妳吃吃看，眞的不一樣，特別好吃喔！」（這一句很重要，是用有點高亢的興奮語氣來創造可能的期待。在這裡，切記不要死鴨子嘴硬，硬是要說：「妳剛剛不是說好臭不要吃嗎？」）

黃阿赧小妹妹，咬著咬著：「眞的耶，眞的很好吃耶！」

哈哈，接下來，全家人一起吃著今天特別香的杏仁餅，小壞蛋都變成小食客了。我這個催眠治療師，拿十幾年的功力，就這樣守護了一點點夫人休息享用美食的時光。

在剛剛那一小段話裡，「眞的」「其實」這樣的語詞，是拿來說出一種**本來沒有想像到**的眞實感受。而「不一樣」「特別」這樣的語詞，則是拿來**打開期待**，有了期待，人就不容易卡住了。我猜，可愛的阿毛，就是從這個杏仁餅的對話裡，一不小心學會了後來催眠爸爸的「洗嘴巴ㄚ，其實是很舒服的喔！」

5 讓孩子學會爲希望發生的事找到途徑
——「關大燈以後，把拔要穿橘色那件，跟馬麻聊天喔！」

打從小女兒阿毛出生滿月的那一天開始，當爸爸的我，自告奮勇要負責照顧阿毛入睡。從很小很小的時候，阿毛就很會下清晰又可愛的指令，給爸爸。

兩歲以前，阿毛睡嬰兒床，在細細的木頭的白色圍欄中間寬寬的空隙間，阿毛會把她肉肉的小腳掌伸出來，然後說：「摸摸腳～」當爸爸的翻譯一下一歲多女兒的意思是這樣的：「把拔～你用你的手摸摸我的腳掌，我感覺到溫溫暖暖的，就會很快睡著了～」小妹妹，常常是在這樣溫暖的觸摸下入睡的。

阿毛的姊姊黃阿赧，有一陣子到了晚上，很常說的一句話是：「把拔，你等一下可不可以關大燈以後，穿橘紅色的那件衣服，躺在我旁邊，然後跟馬麻聊聊天？」十次裡，我有九次會很大聲地說：「當然好囉！」然後穿上那件我特別爲了陪孩子入睡準備的橘紅色貼身涼感衣。讀者一定很迷惑，哈克幹麼穿這種平常不太穿的顏色與質地的衣服？哈哈，這是有根據的！因爲特殊的顏色與觸感可以創造溫暖安心的記憶心錨①。

接下來的畫面是，我穿著那件招牌橘色涼感衣，六歲的黃阿赧依偎在我懷裡，我們一家人聊著一天發生的種種。然後，黃阿赧常會微微笑地說：「把拔和馬麻聊聊天，我一下子就會睡著了。」

為希望發生的事，找到路徑或階梯

「把拔~用你的手摸摸我的腳掌，我感覺到溫溫暖暖的，就會很快睡著了~」

「關大燈以後，把拔穿橘紅色的那件衣服躺在我旁邊，然後跟馬麻聊聊天，這樣，我一下子就會睡著了。」

孩子們，慢慢地會在生活裡自動產生這樣的語言，充滿對自己健康又溫暖的暗示。催眠暗示，不就是這樣嗎？爲自己希望發生的事（目標），找到可以走向前去的路徑或階梯。在這樣的結構下，可以簡單拆解黃阿赧的精準暗示語言：

希望發生的事（目標）：一下子就睡著了。

朝向目標挺進的階梯：

【階梯一】關大燈（光線亮度的變化）

【階梯二】爸爸穿橘紅色的衣服躺在身邊（顏色、觸感）

【階梯三】聽見聊天的聲音（聽覺、熟悉的聲音）

這兩個小傢伙，天天聽爸爸的語言裡充滿了帶著善意的催眠暗示詞，不知不覺間都自然地使用起來。也說不定是因爲她們發現了，當她們這樣使用語言的時候，心裡頭希望發生的事，似乎有了越來越順暢的跡象。如果有興趣，讀者可以試試看，想想下頭的小練習，可以怎麼豐富自己想要的生活。

生活小練習　為希望發生的事找到路徑

找一個自己狀態挺好的時間，然後想一件自己希望發生的事，或者希望孩子發生的事，然後找到合適的中介物（階梯），盡可能包含視覺、聽覺或觸覺的感官描述，寫進下頭的空格裡。

希望發生的事（目標）：

朝向目標挺進的階梯：

【階梯一】

【階梯二】

【階梯三】

最後，把上面的內容，變成一句話，拿來暗示自己或暗示身旁心愛的人。要記得的是，句子裡，先階梯一，然後階梯二，然後階梯三，最後才是目標的描述。如此一來，說不定就擁有了新的語言與路徑，更豐富順暢地活著。

完整的句子：

為自己準備一個讓目標順暢實現的流程

用另一個例子來多說一些。那是一個入冬的早晨，我騎著摩托車帶阿毛去幼稚園上學。

送阿毛上學，有幾個固定橋段要起承轉合：先是跟來來往往的同學、同學的媽媽說早安，然後去放書包，脫外套，跟老師說媽媽交代我要說的話，然後，接下來是最珍貴的Quality Time②：溜滑梯旁的小妞妞時間。幼稚園裡，有一個雙軌溜滑梯，剛好適合我和阿毛斜躺在上頭聊天，只要天氣不差，我們會一起讓身體舒服地躺在溜滑梯的軌道上，頭自然地往上看，然後就會看到迎風搖曳的九重葛，枝葉、淡淡的白花、鮮豔的紅花，我和阿毛各自有喜歡的枝葉與花朵，命名為：「小妞妞九號」與「小妞妞十號」。

我：「今天小妞妞九號好漂亮喔！」

阿毛：「我的小妞妞十號今天笑笑的，很開心。」

溜滑梯旁，這是阿毛好喜歡的爸爸專屬時光，大大的世界就只有阿毛和爸爸，然後聊聊小妞妞九號與十號。這一天的爸爸，因為心裡頭有一篇文章一直跳出腦海需要寫下來，所以就先預告：「阿毛，差不多三分鐘以後，我牽妳的手進教室

成自己的好語言了呢！真開心。

注釋

① 顏色、質感、聲音、氣味（像是香水、身體自然的味道），都有機會成為安心溫暖停靠的心錨。心錨（anchor）的意思是：一份透過語言或非語言的記憶連結，像是透過衣服的觸感，連結上被擁抱與疼愛的溫暖感受。

② Quality Time，直翻叫作「高品質相處時光」。一天裡，如果有十分鐘到三十分鐘的高品質相處時光，常常會大幅地增加情感的安心連結。

6 透過隱喻故事，新習慣可以這樣發生
——毛毛蟲與水龍頭

快四歲的阿毛，很享受吸自己的手指，特別是睡前很愛很愛這一味，吸著左手的拇指啾啾啾啾咕嚕咕嚕地睡著，那啾啾咕嚕睡著的模樣實在是迷死人！**可是啊**（當爸爸媽媽的，常常就是被這些「可是」給搞累的），聽牙科醫生說吸手指容易影響門牙的位置，還是戒掉比較好。

好，既然這樣，就來想辦法。夫人很用心地，教導阿毛用循序漸進的方式，第一步，睡前先吸五秒鐘，然後一分鐘不吸；第二步，吸四秒鐘，接下來一樣一分鐘不吸手指，然後一直遞減到三秒鐘、兩秒鐘、一秒鐘，然後就不吸了。阿毛有時候狀況好，這樣的漸進行為療法挺有效。只是，有時候阿毛心情不太美麗時，會突然

拗起來不理會規則與約定，這種狀態到來時，照顧者和孩子自己，就辛苦了。

說個隱喻故事，鼓勵孩子建立新習慣

有一陣子，剛好我沒有出國帶訓練，於是連續幾個晚上都能陪兩個孩子入睡。夫人有一天吃晚餐時跟我說，她發現只要講故事，阿毛好像就更可以順暢地不吸手指頭而入睡了。夫人懇請我這個資深的隱喻故事訓練師，創作一個「讓小孩不吸手指也能快速睡著」的故事給阿毛聽。呵呵，好啊，夜晚來了，就來床邊現場創作囉！

毛毛蟲與水龍頭的故事

水龍頭旁邊，住了一隻很可愛很可愛的毛毛蟲。

這隻可愛的毛毛蟲有軟軟的毛、軟軟的肚子、軟軟的尾巴，還有笑瞇瞇的圓圓小眼睛。小毛毛蟲最喜歡在天色暗了以後，鑽進水龍頭裡，水龍頭的入口剛剛好大，剛剛好可以讓毛毛蟲軟軟的肚子還有軟軟的尾巴，鑽進去，很舒服地就可以鑽到水龍頭裡面去。

水龍頭裡面彎彎的，很安靜，毛毛蟲可以走呀走，爬呀爬，在水龍頭的管子裡頭這裡鑽鑽那裡轉轉，這裡摸摸那裡碰碰，真是太好玩了！毛毛蟲最喜歡的一件事情，就是在水管裡玩來玩去之後，從水龍頭洞口探出頭來的那個時候。那個洞口，那個出口，有一個特別的彎度，會讓毛毛蟲軟軟的肚子碰到水龍頭彎彎的地方，然後，彎過那裡，軟軟的尾巴輕輕一搖，就可以探出頭來，深藍的天空就會出現在眼前，一顆一顆的小星星，在安靜的夜裡眨呀眨，那是毛毛蟲好喜歡的時候，很舒服，又很安靜。探出頭來的毛毛蟲，好喜歡這樣的夜晚，又溫暖，又安心，可以好好好好地睡著。在這個深藍的天空，小星星眨呀眨的夜裡……

阿毛小妹妹，這一個夜晚，真的就跟著毛毛蟲一起睡著，睡得全身軟趴趴好沉好沉，可愛極了。而十根小小軟軟的手指頭，真的都沒有吸在嘴裡耶！

一天過去了。

隔天，很快地又到了晚上睡覺的時刻了，阿毛小妹妹聽故事聽上癮了，一上床，就自己要求說：「把拔，你昨天說那個毛毛蟲的故事好好聽喔！我今天還要聽故事，要聽很長的那種喔！」呵呵，關了大燈，開著小燈，在睡房的角落，懷裡躺著兩個小可愛，我又現場創作了一個新的隱喻故事：

毛毛小球與大老鷹的故事

今天，要來說一個毛毛小球的故事……

有一顆球，叫作毛毛小球，毛毛小球有很多很多細細的毛，飛起來特別漂亮，飛飛飛！細細的毛會像火箭飛行時的噴火一樣，超漂亮的！毛毛小球最喜歡在網球場上蹦蹦跳跳，這裡彈彈那裡碰碰。網球場四面都有牆壁，中間還有很安全的網子，毛毛小球總是很安全地，可以在四面牆壁還有網子之間，彈過來跳過去的……

這一天，毛毛小球決定要飛出球場飛向天空。大大的網球拍用力一揮，哇哇哇哇！太酷了！毛毛小球「Bang!」一聲，直直地、充滿力量地飛出去，飛向大大的天空，飛飛飛飛，細細的毛在後頭像噴火一樣超漂亮地往天空飛去。剛好，在空中遇見一隻白色肚子的大老鷹，「碰」的一聲，毛毛小球超有彈性地，輕輕地碰到了大老鷹的肚子。大老鷹的肚子又白又軟，碰到彈性很好的毛毛小球，舒服極了……毛毛小球在大老鷹軟軟白白的肚子裡轉了一圈，又轉了一圈，好舒服，好好玩喔！哈哈！真是太好玩了，飛出球場，飛到空中，遇見大老鷹的白色肚子，這實在是太有意思了啦！

毛毛小球跟著大老鷹一起在空中飛翔，飛過夕陽，飛過山頭，飛到夜晚，天空開始出現了一顆一顆的小星星，小星星眨一眨，毛毛小球和大老鷹，都準備好要打呵欠了……大老鷹帶著毛毛小球，來到了大老鷹樹梢上的窩，讓毛毛小球貼著大老鷹軟軟白白的肚子，一起打呵欠。小星星眨一眨，毛毛小球和大老鷹，都準備好要笑著睡著了。夜裡的空氣涼涼的，剛好很舒服的溫度，這個夜晚，說了晚安，就睡得好舒服好安心呢，毛毛小球晚安，大老鷹晚安……

上頭這兩個故事，都是結構簡單的小故事。我的兩個女兒，最期待爸爸說的故事，似乎都不是情節豐富或技巧性極高的隱喻故事，而是「**把拔，我要你講很長的那種**」。我猜，孩子要的，是我說故事給她們聽時的那份情感。我猜，只要我溫和帶著愛的聲音迴盪在臥房的空氣裡，她們就有一種說不出的安全感與被愛的滿足。

隱喻故事的暗示語言結構

接下來，拆解一下上頭這兩個故事的暗示語言結構。這兩個隱喻故事，都是同時具備兩個功能：一、希望睡覺時，阿毛的手指頭能待在外面；二、陪伴孩子舒服又快速地入睡①。

先來看第二個功能。大家一看就可以明瞭，故事裡頭有著清楚的睡前故事的設計結構：先在故事裡，讓孩子隨著情節一起玩過癮，因爲玩過癮了，所以甘願了，後來才在故事裡透過情節，陪著孩子舒服地入睡。

接下來，看看第一個功能。上頭這兩個故事底下，藏了兩條很有意思的引線。首先來看看**引線一**：毛毛蟲、毛毛小球，都有「毛毛」這兩個關鍵字。當然囉，這兩個關鍵字就是因爲阿毛的小名就叫作黃毛毛，所以「毛毛蟲」「毛毛小球」，就是設計來讓聽者阿毛，可以輕鬆就認同的角色名字。如果你的孩子或親密伴侶的小名叫作小梅，那你就可以考慮把隱喻故事的主角名字，放進故事裡，像是「大樹上有一顆小梅子」「梅花鹿小粉很愛跑步」或「冬天裡有一種美麗的花，叫梅花」。

引線二：眼尖的朋友一定看得出來，毛毛蟲鑽進水龍頭，隱含也同步著的，是阿毛把手指放進嘴巴。表面似乎有點模糊但其實連結清晰的引線藏在這裡：

毛毛蟲↓手指

水龍頭↓嘴巴

在隱喻故事的創作流程裡，這個步驟叫作「同步」。同步的意思是，先在故事裡，說出主角（聽者）目前的實際狀態。阿毛習慣睡前把手指頭放入嘴巴裡，我就來安排一個故事情節（毛毛蟲很愛爬進水龍頭裡），對應這個現實生活裡的眞實狀態。第二個故事也是很類似的同步結構：

毛毛小球↓手指

網球場↓嘴巴

站在著地的真實上，往上鋪一個階梯

催眠暗示，是站在著地的眞實上，多給一份力氣，多鋪一個階梯，讓接收者得以順暢地往前多走一步路，往上多爬一個階梯。所以，前頭的同步，需要注意的是**做得足**、**說得夠**，一旦同步足夠了，那後頭的轉換與改觀才有力道。用概念圖來說明會是這樣：

對我來說，當一個父親最大的願望，就是陪著孩子長成他自己的樣子。讓孩子有機會好好地活出屬於他的「這一輩子」，好好地使用他的生命，自由自在地活出他的人生。

長成自己的樣子，我其實無法代勞，這件事情孩子得自己努力才行，我只能陪著孩子討論、陪著孩子思考。現實的環境，不是準備好就讓你舒舒服服、順理成章地做自己，那是一段要歷經探索、努力與堅持的過程。在這裡，我將透過以下的七篇文章，來說說關於「陪孩子一路成爲他自己」的故事。

1 讓孩子的獨特，有個可靠的家

一直很喜歡娥蘇拉．勒瑰恩的小說《地海巫師》。對我來說，這是一部透過描述巫師習藝的故事，闡述內在力量的小說。在小說裡每個巫師都有兩個名字，一個是「俗名」，就是生活中使用的名字，另一個是「眞名」，就是屬於一個巫師獨特力量的名字。每個巫師在正式學藝前，必須先知道自己的眞名，也就是要知道自己天賦力量所在，才能進一步使用這些力量。

我常用眞名的隱喻，來說明每個孩子都有獨特的樣子、有自己的力量，從眞名的觀點來看孩子，就會離開「完不完美」的標準，只有一個個「擁有不同內在力量」的人。**我認爲作爲父母師長的重要任務之一，就是和孩子一起看見他的天賦力量是什麼。**

家門口，常有故事

關於獨特，我有個故事要說。

「采奕，我剛剛不是跟你說過兩次，要出門了，把水壺水裝好？」

「我又沒有聽到。」

「沒聽到，我看你是玩玩具玩過頭了。你剛剛還跟我說『好』，一下子要提醒你準備文具，現在又要提醒你準備水壺，你。已。經。十。一。歲。了，好嗎？」

那是兒子小五暑假那年，有天我要去咖啡廳裡寫講義，孩子說想和我一起去做暑假作業，我答應了，同時請孩子準備自己要帶的東西。但出門前孩子散散漫漫的節奏，讓我老是處在等待，明明要出門了，還得我一再耳提面命，眞令人心生煩躁。更讓我受不了的是，孩子似乎很有方法可以把我自己都不喜歡的樣子，給喊了出來。那天早上，我爲了不讓自己失控，所以把自己像悶鍋一樣悶了起來。這時候能做的只剩下「提醒自己盡量閉嘴，不讓難聽的話出口」。

煩躁的父親，自得其樂的孩子

我把情緒ㄍㄧㄥ著出門，到咖啡廳後我就請他坐到別桌，我不想讓繃到臨界點的我真的炸開。我鐵著臉打開電腦，但這樣的情緒我其實無法工作，我看著隔壁桌的采奕，卻是一付安然舒適的樣子，從容地開始做他的暑假作業。我心想：「他怎麼一點事都沒有？難道是我太愛計較了？」哎呀！這是什麼世界，被惹怒的人還得自我反省。

不過看到采奕的狀態，我也努力讓自己心安靜下來，準備明天工作坊的講義。沒多久，我看見在隔壁桌的采奕，打開水壺，豪爽地喝著水，水一部分進入他的嘴，一部分答答答地漏到了地板上。他喝完水，關起水壺蓋，繼續做功課，動作自在流暢，完全沒有被流到地上的水干擾。

我看到這般情景後直搖頭，心想：「這小子竟然可以完全不知道地上已經濕了一灘。」我不想理他，不然待會一把火又燒上來。但做父母的，哪有那麼容易忽視孩子？過沒多久我又往采奕身上看，又見他把剪貼過的報紙，亂揉亂堆，沙發上、地上到處都是……一下子讓咖啡廳不像咖啡廳，倒像是某個藝術家的工作室，那時，我真怕別人知道我是他的爸爸。

但凝神看著這個孩子，見他專注又享受的樣子，那一股渾然天成的舒適氣息也慢慢地感染了我。我深呼吸兩口，退了生氣，長了安靜，然後微笑搖頭問自己說：

「我有沒有真心接納，這是一個一次只能專注做好一件事的孩子？」

兩個孩子，兩個名字

我有兩個孩子，很不一樣。女兒小蔓，那年五歲，從小就可以把很多細節照顧得很好，我和太太常爲此讚歎不已。小蔓，是一個生活能力很強的孩子，但小蔓也是家裡最常「指正」我們「疏失」的人，她像是家裡的糾察隊，用心地發現我們沒做好的地方。我想，她的好能力讓她難以理解我和太太這兩個中年人，怎麼可以忘記這麼多事情；她的好能力，讓她難以接受哥哥如此大條的神經；她的好能力，讓她因此容易對我們感到不滿意。

釆奕這個孩子，則完全在相反的一邊，他可以長時間專注和享受一件事情，天搖地動也不關他的事，如果要他同時注意另外一件事，他就很容易「脫捶」（閩南語「出狀況」之意）。雖然不會犯大錯，但那種讓人難以理解的小差錯眞是層出不窮。所以我們常唸他「不用心」，若要他同時照顧好其他細節，可以，但得費盡力氣，耗掉情緒，我猜很多常抓狂的父母，家裡可能都有這樣的一個孩子。

但相對地，釆奕是一個很善良的孩子。他對待我們犯的錯，十分寬容，好像不用學習就知道如何原諒別人，我有好幾次對釆奕發了過分的脾氣或誤會了他，跟他道歉時，他總是很快又眞心地說：「好，沒有關係！」

所以采奕在生活細節上難以顧全大局，但他內在快樂、輕鬆自在，特別是對環境、對人寬容的樣子，渾然天成。而我看得出來，這些包容與放鬆，是采奕身上的好東西。

從眞名的隱喩來看，我的兩個孩子，雖是同一對父母生養，但老天爺給他們的天賦禮物，就是那麼地不一樣。

孩子是發展的，不是被塑造的

我猜想，或許有些讀者讀到這裡，心裡會問：「難道就不能把孩子教導成一個顧全細節又樂天包容的人嗎？」我想，這是很多父母的願望，但我們要回答的問題是：「人，眞的可以完美嗎？」

我是一位「兒童心理師」，其實要修正采奕的行爲，並不是做不到。以我對采奕的了解，我只要把采奕生活中需要改善的行爲，都一一列出，然後針對某個行爲再細分成多個小目標，分別擬定計畫督促采奕執行，最後針對執行結果來進行獎勵或處罰即可。以那天早上爲例：一、我可以先請采奕把出門要帶的東西列出一張清單。二、我再次確認清單上的表列是否齊全。三、請采奕出門前自己要確認清單上的東西是否都備妥，並打勾做記號。四、我再根據孩子的表現，給予獎勵或負向結果。如此一個步驟一個步驟地執行一段時間後，我有信心成功率會超過九成以上。

但這樣的方法，這兩年我竟然只用過兩次，都只在「不得不」的情況下使用。那天我問自己：「爲什麼不願意用這種方式來徹底改善孩子忘東忘西的問題呢？」

我是這樣想的：「在我心裡，**孩子是『發展』的，不是『被塑造』的**。」發展，主要依靠自然的帶領，父母的教導是要順著此自然天賦走的；而塑造，則比較靠近人爲的控制，是父母畫出一張完美藍圖，按圖施工。

因爲我選擇前者，珍惜孩子的天賦樣貌，所以對於使用外在力量去改變孩子的樣子，是謹慎看待的。

《地海巫師》一書的封底上，放著這樣一句話：

「點亮一盞燭光，便投出一道陰影。」

這句話提醒我們，出手干預時就需要知道會造成影響，我們要能同時看見這兩端。因此若我用心理學的方法，徹底改變孩子的某個樣子，當采奕眞的可以花力氣同時注意許多細節，當采奕變成一個謹慎有條理的孩子，然後他神經大條裡的樂天不見了，他對人的包容緊縮了，他的輕鬆自在也變少了，那我會因此而高興嗎？我爲他打出了這樣的一道光，但我和采奕能喜歡這些出現的影子嗎？更別說在這樣的過程裡，我爲了要常「檢核」采奕行爲是否正確，所犧牲掉的親子氛圍。

看見孩子屬於他自己的光

所以，可不可以這樣看孩子？小蔓的細心俐落，那很好，采奕的樂天寬容，也是很好。但我不可能要求小蔓和采奕都擅長彼此會的，然後要兩人都一樣地完美。他們身上的好東西，是他們的天賦禮物，不須也無法彼此複製，他們只須成爲自己。

我在這裡不是說孩子不須教導，我不是倡導一種極端的放任概念。領著孩子成爲更好的人，這本是父母的天職，我眞正要強調的是：**爲人父母教導孩子時，若不先看見孩子獨特的樣貌，只依自己心中的完美藍圖來調整孩子，會不會一不小心，就會把孩子原本的味道調到「走味」**了？若是如此，那不就可惜了老天爺爲每個人準備好的獨特天賦嗎？

那天，我在咖啡廳裡想到這裡時，心裡已經來到很安靜的地方。我請采奕過來我身邊坐著，慢慢地告訴他我對他的理解：關於一次只能專注一件事情、樂天、包容、忘東忘西、只在自己的世界裡……

采奕聽完後，看著我說：「好像是這樣，不過其實別人告訴我的話，我都有聽到，我只是不想停下我正在做的事。」

我問：「爲什麼呢？」

采奕想了一下後，搖搖頭說：「我也不知道……可能是我太喜歡我正在做的事了。」

孩子說得清楚了。喜歡高度專注的人都知道，專注裡有太多的享受和好品質，所以當這種專注被中斷或干擾時，會有很多的辛苦和挫折感。要重新啓動再進入如此專注的狀態，是很不容易的，所以很多時候要選擇忽略其他訊息，以維持專注狀態。說到這裡，我才懂采奕他寧願忍受一再被嘮叨的原因。

所以，我回應采奕說：「這就是你，喜歡專心做一件事多於把很多事都做好，因爲一分心，本來的享受就沒有了。」

采奕點點頭說：「好像是。」

我心裡沒有想要孩子改變他的決定，因爲我知道在許多專業領域裡，高度專注是很重要且必須的核心能力，我想要孩子好好保留這個能力。至於他得意識到與別人相處時，不要因爲自己的專注而傷害或耽誤了別人，是他要學的，但我絕對不要采奕爲了學好分心照顧別人，而把自己的好東西給丟掉了。

我想透過這天的對話，采奕會更懂自己的某一部分。我也因爲看見他「專注且樂天」的獨特樣貌，而對於采奕的「忘東忘西」「神經大條」有更大的接納空間。

回到真名，認得孩子的獨特樣貌

宮崎駿的《神隱少女》這部動畫作品裡，有一段和眞名有關的對話，令我印象深刻。

女主角千尋爲了尋找闖入神靈世界的父母，到了巫婆湯婆婆的澡堂當傭人，想藉機尋回父母。千尋在傭人的契約書簽下名字後，她的名字就從紙上飄浮起來，被湯婆婆收走，自此湯婆婆改稱她爲「小千」。

有天，千尋和少年白龍坐在一起說話。

千尋：「奇怪，我最近常記不起自己原來的名字。」

白龍：「妳要小心，她就是要讓妳忘記自己的名字，如果妳忘記了，就找不到回家的路了。」

我看著這段對話，心裡很有感觸。是啊！如果我們忘了自己眞正的名字、忘了自己獨特的樣子、離開了自己的天賦潛能，那我們的人生要走去哪裡？這眞的是會迷路的。

我想，在陪著孩子長大的過程裡，我們需要一再提醒自己，記得去觀看、思考：「眼前的孩子，是一個怎樣的孩子？他的天賦美好在哪裡？」因爲父母師長的眼光，常是一個孩子確認自己「獨特」的養分來源。如果，我們能從這裡來看見孩子，那麼在他們成長的過程中，獨特，就會有個可靠的家。

2 成爲自己的主人

二〇一〇年，我爲了更自由地四處旅行，決心要增進自己的英文能力，找了一位住在台灣的美國人Eric當我一對一的家教老師。Eric很特別，年近五十仍持續到不同國家旅行，更特別的是，如果家長同意，他有時也會帶著他的學生，一起出國旅行。

給孩子學習的空間

有次上課，他聊到曾帶一個十一歲的孩子一起到印度自助旅行。我說：「哇！去印度，你還帶了一個這麼小的孩子。」他說：「十一歲，夠大了，孩子的適應力通常也都很好，他們不會是問題，反而是家長常不放心，以爲孩子做不到。」聽到這段話，我頻頻點頭表示頗有同感。

那天，我根本無心上課，央求他多說些帶孩子旅行的故事。他說了幾段旅行經驗，其中這一段「買車票」的故事，最讓我印象深刻。

印度的火車站，混亂且擁擠，如蟻群般的人潮、繁雜的班次、常態性誤點，但仍可一天又一天地正常運作，這是許多旅人驚歎不已的地方。有天Eric他們要搭火車移動，他請孩子獨自去買車票。看著混亂的場景，孩子當然懷疑怎麼可能辦到，但他還是要孩子去試看看，過了五十五分鐘後，孩子眞的把車票買回來了。

Eric說：「我去買，或許只要二十分鐘的時間，但如果你要孩子學會自己買車票，那就要願意花這五十五分鐘。你不可能要孩子學會買票，但卻不願意給出五十五分鐘。」我當下是很震撼的。是啊！**我們期待孩子學會自己處理一些事情，但我們願不願意給孩子一個個的「五十五分鐘」**？當父母的，總想要孩子「又快又好」，但學習怎麼可能如此呢？學習怎麼可以沒有「嘗試錯誤」的歷程呢？在我的眼裡，這一個個的五十五分鐘，對一個學習獨立自主的孩子來說，是珍貴無比的。

安親班是珍貴的資源

關於學習自主，我在這裡說一段冞奕的故事。

冞奕現在已經是國一的孩子了，六年前他要上小學的時候，因爲我和太太工作型態的緣故，孩子下課後必須有安親班照顧。對於上班族的夫妻來說，「安親班」實在是很重要的資源，但我也知道，孩子到安親班，就會有寫不完的評量和測驗卷。

我清楚，我要的是孩子有人照顧，不是要孩子從小一開始就有寫不完的評量，然後回家唉唉叫！所以我就定下了找安親班的兩原則：一、孩子只要完成學校功課後，就可以不用寫任何評量、自修、考卷。二、孩子如果犯錯，可以讓孩子負必要的責任，例如暫時隔離或打掃教室，但不可以用言語傷害孩子自尊或體罰。當然，和安親班協商這兩個原則的同時，我也告訴安親班：因爲沒有要孩子多寫評量和考卷，所以孩子的成績如果不好，我也不會責怪安親班；同時，如果孩子犯錯了，當他們無力約束時，可以與我連繫，我會接手處理，但絕不可以責打體罰孩子。我就依著這兩個原則，眞的找到了一家安親班，孩子也在那裡一直待到國小畢業。

給孩子選擇，他就會思考

但不寫考卷、評量，在安親班的文化裡，還眞不是件容易的事。兒子中年級時，有位安親班老師終於忍不住了，特地找我談，她希望孩子可以寫一些評量、自修，成績就會更好。

老師花了一些時間跟我談，我收到老師的好意，她眞心希望不要誤了良才。那時我覺得孩子夠大了，有能力思考這件事了，就跟老師說：「這件事情，我沒有特別的意見，但這是孩子自己的事，我們來跟孩子討論一下，妳覺得如何？」

那天，孩子、老師和我三個人，眞的一起開了一場「學習會議」。老師好好跟采奕說她對采奕學習狀態的了解，以及寫評量對他可能的幫助是什麼。我則告訴采奕：「寫評量不是壞事，善用評量是可以幫忙學習的，但不代表每個人都需要寫，所以你要自己思考看看。重點是你的需要，不用因爲大家都寫，你就要跟著寫。」那時采奕才十歲，我也不確定他聽懂多少。采奕想了一下後，就說：「那我先試看看，每天寫一張看看有沒有用。」那天開完會後，看來大家都還算滿意。我滿意的是：當我給孩子空間，孩子眞願意開始學習思考與嘗試。而老師開心的是：終於說服了采奕願意寫評量。采奕呢？他笑著離開，但我不確定他高興什麼。但從那時到小學畢業，采奕會願意在考試前一週寫幾份評量，來幫助自己準備。

關於采奕的學習，從小一到現在都是如此，我認眞地想辦法讓「學習」這件事情變成他自己的事，讓他成爲他自己「學習」的主人。在這個過程裡我們要做的事，就是多提醒自己：**有沒有給孩子思考與做決定的空間？有沒有給孩子嘗試錯誤的空間？**我相信這個空間越大，次數越多，他就越可能學會自主，學會當自己的主人。

要不同，就要更清楚自己

有趣的是，采奕那時在安親班，不只一次認眞地告訴我，每當他看到大家都在寫評量、自修，而自己在一旁看課外書時，就會有種「怪怪」的感覺，會有點不知道如何面對這種心情。我聽了哈哈大笑！其實我非常了解這種心情，當我們選擇和大家不同時，就常會感受到某種壓力，我也常處在這樣的狀態。但我更知道，每當我們面對這樣的壓力時，反而是讓我們思考事件「本質」的好機會，這對學習來說是很珍貴的。

所以當采奕這樣告訴我時，我就問他說：「那你會不會爲了想要和大家看起來『一樣』，多寫評量？」孩子想一想搖搖頭說：「我才不要！」我說：「你當然可以爲了『不要看起來太奇怪』，就跟大家做一樣的事。偶爾這樣可以，但如果常常這樣，你要看看自己會不會快樂。如果你做了一個和多數人不一樣的決定，就常會有這種『怪怪』的感覺，眞的是會這樣。但不同的選擇本來就會有不同的結果和心情，這是你要學習想一想，並做出適合你的決定。」

孩子國小時，我已經開始這樣跟他對話了。沒有很容易，但我想讓孩子一次次練習爲自己的生命思考，因爲我看的不是現在，而是五年、十年後的影響。

關於補習這件事

二〇一三年，釆奕升上國一，開學一個多月後，我明顯感受到釆奕在課業上的焦慮。有天釆奕告訴我，他想要去補習，我心想：「這個喜歡放鬆自由的孩子，怎麼會做出這樣的決定呢？」我就和孩子聊聊，才知道班上的同學幾乎都補習，再過兩週就要第一次月考了，他擔心成績會很爛，所以才想上補習班。

我沒有反對孩子補習，補習班和安親班一樣，都可以是幫助學習的資源，但我很捨不得才讀國一的孩子，放學回到家已經是晚上八點多了，這對身體和情緒會造成許多的負擔。所以我跟釆奕說：

「爸爸捨不得你才國一，就要讀得那麼辛苦，我很想讓你覺得讀書還是件快樂的事。」

釆奕：「我也是想要快樂啊！可是成績如果很不好怎麼辦？」

我感受到孩子聚焦在成績上，才會有那麼多焦慮。我說：「爸爸覺得國一這一年對你最重要的不是成績好還是不好，而是要找出適合你的讀書方法。你還有好幾年書要讀，找到方法就可以用很久，我覺得這比較划算。」

我猜，采奕沒聽過這種觀點，他開始安靜地看著我。

我：「如果你去補習了，然後成績眞的還可以，那你就會以爲必須靠補習班才能應付好課業，這樣你可能一直到高中，都離不開補習班了。」

采奕：「那怎麼辦？」采奕似乎同意我的觀點，但對於接下來怎麼做則是沒有方向。

我：「要不要這次先不要補習，我明天陪你討論怎麼準備讀書計畫，這個方法爸爸用過。如果這次成績眞的差太多，再來想辦法也不會來不及啊，國中還有那麼多次考試，補習班也有那麼多間。」

就這樣，隔天我和采奕在空白紙上寫下要準備的科目進度，分配到不同的時間格子裡，最後用磁鐵把計畫書黏在冰箱上。采奕依進度準備，考試結束成績公布後，孩子的成績沒有「好爛」，約在百分之五十的位置。那天，采奕拿著公布的成績給我看，然後說：「爸爸，下一次你陪我更早來訂讀書計畫好不好？」我笑著點頭答應。

一個個的五十五分鐘

我對自己當父親最大的期盼，就是可以陪著孩子，讓他一路成爲自己。我清楚一個人要成爲自己，就要先學會當自己生命的主人，能獨立思考，做出選擇與採取行動，我認爲這是一個人能否活出自己的價値與生命熱情的關鍵所在。但這樣的能力眞的是需要一個又一個的「五十五分鐘」累積起來才能發生。

所以有一種愛孩子的方式，就是爲孩子撐開一個空間，讓他可以一次次地試煉自己，用自己的力氣把自己長起來。

3 真實接觸自己的情感——「我想媽媽有哭，我有做自己……」

二〇一三那年，我家女兒小蔓即將從幼稚園畢業，女兒就讀的幼稚園有個很棒的傳統，就是每年都會帶畢業班去外地「畢業宿營」。那一年幼稚園開拔到花蓮，三天兩夜，這種帶著成長味道的旅行，我打從心裡喜歡，也眞心佩服這所幼稚園的老師們願意承擔帶一群小毛頭過夜的麻煩。

從小到大沒離開過親人的小蔓，在畢業宿營前的幾個月裡，我見她帶著兩種截然不同的心情準備著。白天，小蔓常說著對畢業宿營將至的興奮，晚上，小蔓常說著對畢業宿營須離開家人的擔憂。白天和晚上，交替著兩種心情，這種想探索世界又捨不得離開家人的矛盾感受，算起來也是人生的一大功課。看來小蔓這趟旅行，也啓動了這項學習。

旅行回來，功課才開始

四月初，畢業宿營終於來了，也過去了，回到家的小蔓，有個地方不一樣了，剛回來那幾天，上學前情緒變得易感且強烈，常掉著眼淚對我們說：「我不要上學。」其實她很喜歡學校、喜歡老師、喜歡同學，她想表達的並不是「不要上學」，而是「不想離開家人」，在輔導領域裡，我們稱爲「分離焦慮」，這種小孩子的心情，很多家長都經歷過。

那段時間，太太陪了小蔓很多，例如她和小蔓討論讓孩子帶一件媽媽的衣服一起上學，午睡時就拿出媽媽的衣服一起睡覺，用眞實的味道撐住那樣想念的心情。這招有不錯的效果，所以小蔓每天雖然都說「不要上學」，但每天都快樂地從學校回家。在學校裡還有快樂，我就比較不擔心。

四月下旬，我到馬祖帶工作坊，想說機會難得，就把全家都邀過去玩了四天。兩個孩子，都向學校請了兩天假，全家在那四天，都開心極了，特別是兩個小孩，四天就玩了五個沙灘，孩子見到沙都瘋了，又滾又跑的。

經過四天恣意玩樂的假期，回家後的小蔓，上學前和家人難以分離的情緒卻更濃了。

連續好幾天，小蔓每天醒來就帶著淚水，說著想念已經去上班的媽媽，說：「爸爸媽媽只要誰不在，我就會想誰。」還記得那幾天，我常要抱著起床哭泣的孩子，一抱，就是十幾分鐘，到了學校，要分開時，還是要抱十幾分鐘。老師看著孩子滿臉眼淚，問說：「怎麼了？」我說：「最近感情比較豐富些，沒關係的！」我知道，這是她得去經歷的。

想念，有兩種

有天早上我睜開眼睛，小蔓已經醒了，沒有吵我，但躺在床上已滿臉淚水。我看著小蔓的淚水心裡捨不得，我說：「小蔓，這是想念媽媽的心情，是嗎？」

小蔓點點頭，我抱起孩子，走下樓，讓她在浴室外的桌前坐著。我說：「最近的想念和以前的想念好像不太一樣喔！以前妳讀中班的時候，起床都會笑笑地抱著爸爸，上學時也會對我說：『爸爸我會想你，要早一點來接我，祝你上班愉快。』但最近的想念，好像不是這樣喔！」

小蔓想了一下，點點頭，臉上依舊掛著淚水，沒有說話。

我拿出一張紙和一盒色鉛筆，說：「可以讓我知道這個想念長什麼樣子嗎？畫

給我看好嗎？」

小蔓疑惑地看著我，用猶豫的語氣說：「我不知道該怎麼畫。」

我說：「先挑一個『最近這個想念』的顏色。」

小蔓仍疑惑地看著我，我繼續說：「它像是黑色嗎？」

小蔓搖搖頭。

我說：「那是紅色嗎？還是……」

小蔓就拿起藍色的色筆。

我一臉恍然大悟地說：「喔～原來是藍色的想念，那這個想念長得怎麼樣呢？」

小蔓又搖搖頭說：「我也不知道。」

我說：「這世界上只有妳知道這個想念長得怎麼樣，妳開始畫，這個想念就會

出現了。」

小蔓安靜了五秒鐘後，開始動筆。藍色的想念，眞的就出現了。

我說：「原來藍色的想念長這樣喔！有眼淚喔！那以前的想念是什麼顏色呢？長得怎麼樣呢？」

這次小蔓上手了，很快地挑出了黃色，畫出以前的想念。

我說：「原來是這樣，一個有眼淚，一個有笑臉。都是想念，但不一樣。」

小蔓說：「以前會笑著想念。」

我說：「好啊～這樣以後我就知道，小蔓有兩種不一樣的想念，這兩種想念，要有不同的照顧方式。小蔓以後就可以說清楚自己是哪種想念了。」

小蔓好像因爲這個發現，有些開心。

我：「小蔓，妳知道會想念一個人，是因為心裡有很多愛嗎？」

小蔓點點頭，這時候的小蔓，又開始掉眼淚。

我：「小蔓，把『這兩個想念』裡面的愛，畫在紙的背面好嗎？我也想看看它們長怎樣。」

小蔓馬上把紙翻過來，拿出粉紅色和橘紅色的筆，畫出這兩種想念背後的愛。

小蔓畫完後，眼淚也收起來了。

我說：「原來愛這麼大啊～」

小蔓點點頭，說：「今天放學回家可以給媽媽看嗎？」

我說：「當然可以，放在這裡，等晚上說給媽媽聽。」

然後，我帶著小蔓上學。那天在教室

外，我們擁抱大約三分鐘，小蔓就可以帶著眼淚跟我說再見了。

那天離開小蔓的時候，我心裡是這樣想著：「眞是一個勇敢的孩子，可以一次次地帶著想念說再見。」我想，很多孩子，都是這麼勇敢的，很多被稱爲「分離焦慮」的孩子，都是有很多勇敢的。

我有接觸自己的情感，我有做自己

那天傍晚，接了滿臉笑意的小蔓回家，晚上，我帶著全家回鳳山探望父母親，在回程的路上哈克正巧打電話來，我和哈克聊了一下，小蔓這時卻突然要求要跟哈克叔叔講話。主動要和我的朋友講電話，這是小蔓很少有的舉動，我心裡想著：「這哈克眞的有孩子緣！」我就把電話遞過去給小蔓。小蔓開口用著稚嫩的童聲說：「哈克叔叔，我有做自己喔！」

我噗嗤，笑了出來。那時哈克的第一本書《做自己，還是做罐頭？》剛出版幾個月，我在工作室裡放了幾十本書，讓有興趣的學員可以購買。那段時間這本書也是我和太太常聊天的話題，但怎麼也沒想到我這六歲的女兒，竟然會這樣跟哈克叔叔做連結，也太厲害了吧！

這時，我已經很期待接下來小蔓會說什麼了。小蔓繼續說著：「今天我想媽媽的時候有哭，我有做自己。」聽到這句話，我一邊笑，卻一邊被孩子這句話深深地觸動，因爲我知道，小蔓這句話說得很深很深，對她來說這短短的一句話，卻是很不容易的歷程。「想媽媽，有哭」就是「做自己」，原來，「有情感，自然表達，就是做自己」。這孩子這麼小，就知道這樣接觸自己的情感，沒有責備自己的眼淚，而是說「流眼淚，我是在做自己」。原來小蔓是這樣想這件事情的。

我有個女兒，小蔓，那一年六歲，在面對分離與想念的功課時，還在流著很多眼淚的同時，她是這樣感受的：我眞實接觸我的情感，**我有做自己**。那一年，我四十三歲，在面對孩子一天又一天情感如浪潮湧來的時刻，我是這樣想的：我要一次次接住孩子的情緒，讓她在這裡感受到她自己。因爲我知道，**孩子若要長成自己的樣子，就要學習一次次眞實地和自己接觸、聽見自己的聲音，才能當自己人生裡最好的「伴」**。

4 讓善意，健康地長大

我在前面幾篇文章裡，談看見孩子的獨特、談接觸孩子眞實的情感、談讓孩子爲自己發聲與做決定，這些都是教導「做自己、長自己」裡很重要的事。但我們都很清楚，除非選擇離群索居，不然人是活在關係裡頭的，世界裡不能只有自己，眼中只看得見自己的人，是不會眞正快樂的。

所以，父母要教導孩子的不能只有做自己，還要成爲一個願意爲別人付出的人，如此才能在自我與人際的天平上，擁有良好的平衡。

左右為難的心情

有個故事，發生在小蔓五歲的時候。那時小蔓讀幼稚園中班，某天晚上十一點左右，我剛洗完澡到臥房準備就寢，見到小蔓坐在臥房外的樓梯上啜泣著，看起來，小蔓是刻意在等我。

「小蔓，怎麼了，怎麼還沒睡？」我好好地問著孩子。

小蔓邊哭邊說，所有的話都黏糊在一起了，我費了不小的勁才搞清楚原委。原來是今天幼稚園要孩子們回家，找出用不著的玩具捐給其他有需要的人。晚上太太和小蔓一起到儲藏室裡，花了許多時間，選出一些小蔓許久沒有玩的玩具，有獅子、兔子、熊寶寶和玩具狗，小蔓把它們挑出來放在袋子裡。

小蔓把袋子提到樓下準備明天帶去學校，但當她再次看著這些袋子裡的玩具時，看著看著就捨不得起來，心裡左右為難，一時不知如何是好，所以就哭了起來。

我聽懂了怎麼回事後，就跟小蔓說：「那就不要送人啊！」

小蔓：「媽媽也這麼說，可是……可是我不知道怎麼辦啊！」

我心想，這很簡單啊，就把不想送人的東西收起來就好了，所以就拉著小蔓的手說：「來，我們現在就把玩具拿上去放好就行了。」

小蔓放大音量，邊喊邊說：「可是媽媽說這些都用不著了，用不著的東西就可以送給別人啊！」

這時我才意識到，小蔓的內在打架了，只不過她自己還搞不清楚，她是怎麼回事。小蔓的小小心裡，同時發生著兩件事：很想要聽老師的話，分享自己不要的玩具給需要的人，傳遞出愛，但眼裡看著這些玩具，還是有情感，所以有著捨不得送人的心情。「想給」與「捨不得給」這兩種心情在她心裡一來一往，相互拔著河，這種心理處境在心理學上可是大有來頭，稱爲「兩難」。在教科書裡，還特別用一個大篇幅好好寫著呢！

難怪小蔓會困在這裡，不知如何是好。

快樂地捨

關於這種捨不得的心情，我可是很能同在的。雖然我已經四十多歲了，但我還保有我六歲時的玩具、小二時玩的紙牌、小六時的鉛筆盒、國中的日記、五專的皮帶、申誡通知單、曠課通知單，還有一張十九歲那年誤闖山區，被警察開的「違法入山」的罰單。這些說實話，現在都沒有用了，也好幾年都沒拿出來看了，但，情感上就是想留著。

這種知道用不著卻捨不得說再見的心情，我和小蔓是有些相似的。當大人的我們，如果沒有看到這一份纖細的情感，對於小蔓的行爲，就很容易用「自私」來指責她，但這樣的指責，卻會讓孩子無法好好安置這種複雜的兩難心情。

我聽懂小蔓的內在後，就跟小蔓說：

「沒關係，要幫助人，自己也要快樂，如果幫助人讓自己這麼不開心，這樣以後就會不敢幫助別人了。所以就把妳想留下來的玩具留下來，沒關係！爸爸也留著許多以前喜歡的玩具在身邊啊！」

小蔓抬起那張掛著兩行眼淚的臉，看著我問說：「到現在還留著？」

我肯定地點點頭：「嗯～沒錯！」

於是小蔓就把袋子裡的四個玩具，拿出了三個，決定只捐出一隻「玩具狗」就好了。小蔓抱著三個玩具，上樓到了儲藏室，一個一個把玩具放回收藏盒裡，同時笑著對我說：「我就知道，把拔就能幫我解決問題！」那天小蔓進入臥房前，再次走到那隻玩具狗面前說：「再見！」就放心地一覺到天亮。

「捐出去，就是永遠地分離」，對孩子來說，內在眞的是需要準備的。

助人與討好是兩件事

那天是我第一次清楚地教導小蔓：「不委屈自己地幫助別人」。我當然希望我的孩子對人有著很大的善意，這是孩子未來在社會與人相處時，能否感受到分享的喜悅、能否擁有好的人際關係很關鍵的能力。但是，**給出善意時如果沒有學會先照**

顧自己，那麼這樣的善意就容易累積成委屈，這樣的善意就容易變成討好，討好和委屈長期來說都是會讓人失去自己的。身爲一個心理師，我深知失去自己的代價，這對一個人很不健康。

因此我們在教導孩子要體貼別人、要分享的時候，同時也要告訴孩子「不論如何幫助別人，都不能忘記照顧自己」，因爲學會照顧自己，是自己的責任。當然我所謂「照顧別人前一定要照顧好自己」，並不是說我們一點都不能爲別人「犧牲」。許多時候，我們爲了別人的福祉，願意忍耐自己承擔損失，這種利他的行爲是人類很高尚的品質，當然値得保留。但當利他變成討好、委屈時，我覺得這樣的利他，一點都不高尚，而是扭曲。所以我常跟孩子說：「要好好照顧自己，同時在做得到的範圍裡，要友善待人。」會不會這樣，我們的孩子就有個基礎，**會記得要把自己安穩住，然後衡量現況地愛別人**。

這樣的觀點，並不是我的創見。我在「助人專業」養成的過程裡，一再地被提醒助人者學會自我照顧是非常重要的，因爲若照顧不好自己，只是一直付出，這樣一下子就耗竭了，如何能繼續在這個領域裡陪伴許許多多的人呢？

照顧好自己，撐大助人的空間

其實，我們能給出多少善意，端看我們內在的「空間」有多大。照顧好自己，讓自己心裡安靜穩定，是準備空間的最好途徑。從這裡回頭來看，爲人父母的我們當然也可以這樣來檢視自己，我們有沒有負責把自己的身心狀態照顧好？因爲當我們活得好的時候，愛就會自然溢出，而不是壓榨自己而來，這樣的愛，才能源源不絕地滋養著孩子。

因此，我常在課堂裡說：「父母能給予孩子最好的禮物之一，就是讓自己活得好。」這不只會讓我們的孩子，在成長過程裡對於「當父母」這件事，有美好的畫面，更重要的是，這樣的善意才能安心地在我們心裡滋長，這才是讓善意健康長大的途徑。

5 如何管教而不會成傷？

「小蔓，如果妳再超過這條線，我就要把電視關掉了。」我表情一派認眞，手指著地毯前緣的那條線。女兒這時看清情勢，慢慢地把屁股往後挪，行爲正確了，但現場的氣氛變得有點僵了。

那天，我用了權威，讓孩子不得不服從我，這過程就是我們俗稱的「管教」。管教大概是父母角色裡，最爲難的一個部分了，因爲我們內在得帶著愛與責任，要求孩子展現「正確」的行爲。但因爲是要求，常須使用父母權威去讓孩子「就範」，這樣的過程常會造成不愉快的親子氣氛。所以才會有人說：「管教，就是父母管，孩子叫。」哎呀～這說得多傳神啊！

管教，一不小心也會成傷

說到管教，在我十幾年的輔導經驗裡，常發現許多前來尋求輔導的人們，內在的心理創傷都和原生家庭的管教經驗有關。也就是，管教不當是會造成長期心理傷害的，所以我當了父親後，對於管教，一直很謹慎地看待。

除了專業上的經驗讓我對管教心存愼重外，其實也和我個人的特質有關。我是一個天生不喜歡「被管」，更不喜歡「管人」的人，所以即便是自己的孩子，我常在「管」他們後，心裡都對他們感到有些不好意思。

儘管我不喜歡管人，卻也不能逃避當父親的責任，於是我開始對「管教」這個主題進行更深入的思考。我思索著：

「管教，何以會造成傷害？」

「如何管教，才能具有眞正的教育意涵？」

幾經思索，我發現管教之所以會造成傷害，其實是來自兩個部分。一是「讓愛失去了連結」，許多父母爲了讓孩子在行爲上有快速的改善，使用了較強烈的方式，例如責打或充滿情緒的指責，因爲這會帶來立即性的身體痛苦或害怕，效果自然顯著。但也因爲會感到痛苦，一不小心就會讓孩子和照顧者之間的愛斷裂。一次次的斷裂，日積月累，**孩子若看不見父母管教背後的愛，只感受到痛苦或害怕，這種管教，就容易成傷**，那是因爲「愛」是一個人內在的重要根基。

管教會造成傷害的第二個原因是「損傷了孩子的自主性」。一個人覺得自己是「獨立的個體」，擁有自己行動與思考的自主權，是心理健康很重要的指標。但有些父母在管教時使用了極大的權威，禁止孩子表達自己，例如：「你講那麼多幹麼！小孩子有耳無嘴，只有聽話的分。」「你總是有很多理由，我就是要你乖乖聽話。」**這些我們不陌生的權威語法，卻透露出管教過程只有父母的意志，沒有孩子的空間，若發生的頻率太高或強度太強，孩子會習慣把「自我」縮小，不敢表達與信任自己**，長期來說，這對一個孩子要成爲「獨立的個體」會產生不利的影響。

更嚴重的是，若使用權威管教太過極端，到了精神或身體虐待的程度，那會嚴重地損害孩子身心的自主權，讓孩子覺得自己沒有價值，覺得自己是一個糟糕的人。這樣的管教，就容易造成心理上嚴重的傷害。

支撐管教的兩大支柱

因此我們在管教孩子時可以思考兩件事情：**如何在過程中不讓愛斷了連結，以及在管教的過程裡，仍保有孩子的自主空間，讓他對自己的生命能思考，並擁有選**

擇權與控制感。

基於上面這兩個面向，我們再回到那一天，觀看我和小蔓的互動。

當我跟小蔓說：「再不退後我就要把電視關掉了。」小蔓身體往後移動，但我並沒有離開。我坐到小蔓身旁，說：

「爸爸也不喜歡這樣跟妳說話，但照顧妳的眼睛是爸爸重要的責任，爸爸不忍心妳這麼小就近視。如果妳有想到更好的辦法，可以告訴爸爸；如果可以的話，爸爸也願意試看看妳的方法。」

當我說：「照顧妳的眼睛是爸爸重要的責任，爸爸不忍心妳這麼小就近視。」這句話，連結的就是管教背後的「愛」。這句話讓孩子有個詮釋父親管教的位置：爸爸是因爲想照顧我的眼睛，才會如此要求。連結上愛，不僅不會受傷，而且彼此都會比較柔軟，管教時產生的負向情緒，衝擊會減到最低。

接著我說：「我也不喜歡這樣跟妳說話，如果妳有想到更好的辦法，可以告訴爸爸。」這是邀請孩子爲自己所面臨的問題思考，這樣的話語讓孩子在被管教的過程中，保有思考與表達的空間。照顧她眼睛的健康當然也是她的責任，當然她也可以想辦法來和爸爸一起照顧她的眼睛。

這樣的管教，連上了愛，撐出選擇的空間，孩子行爲被管理的過程，就不會累積出眞正的傷害，**這讓管教離開了權威的使用，更靠近「合作」的位置。**

透過管教，帶孩子去到一個自由的地方

我再透過一個故事，來說明如何在管教過程裡，保有孩子的自主性，並和愛連結。

那一年兒子采奕十二歲了，正學著獨立。采奕，很黏父母，很眷戀家，到小六了都還不願意一個人睡，每次全家人一起旅行，就只有采奕會一直嚷嚷著：「好想回家。」沒想到我們這對可以東奔西跑的夫妻，生出來的孩子，對於向外探索世界，興趣不大。

依戀家人的采奕，卻在十二歲時開始跟我們要空間，希望放學以後可以一個人在家，不要去安親班了。孩子願意要空間，學習照顧自己，我很高興，一口答應了。

第一天他放學回家，吃了碗泡麵當點心。因爲我是一個要求孩子少吃垃圾食物的父親，所以知道了後，告誡他不可以。第二天他又偷吃泡麵被媽媽抓包，第三天又買了波卡，因爲缺乏滅跡的能力，又被媽媽查獲。當天我就認眞地跟采奕說：「如果要自由，你就要自己思考做什麼對你是好的。自由和照顧自己的能力一直是

有關的。」采奕點點頭說：「知道了。」

隔天，采奕晚上出門到鄰家找朋友玩，一玩，到晚上十點都還不回家。這接二連三的「變款」（閩南語「離譜、變壞」的意思），太太累積的氣就上來了，直唸著說：「前幾天就跟他說過，九點多就要自己回家，不要我們叫了，但他還這樣，很不節制。」我看太太眞動起氣來了，就說：「待會我來處理，妳生氣了，先不管這件事。」當我們給孩子空間，但看他不知節制、不照顧自己時，我們確實會有擔心和不滿。我請女兒小蔓去把哥哥叫回家，然後一臉嚴肅地對著他說：

「你答應媽媽九點多就要自己回來的，怎麼十點多了都不知道回家？」

采奕：「喔！對不起，我玩到忘記了。」

我：「采奕，我們給你自由，但看你這幾天有沒有管好自己？」

孩子沉默地看著我。面對父親這麼有道理的話，他好像不知該如何回答。

我繼續問孩子：「那以後你打算怎麼辦？」

采奕抬頭抿嘴，眼神動了一下，心裡好像做了某個決定，他說：「那我以後都不去小寶（鄰居）家了」

孩子這樣回答，**表面上看起來他全面讓步了，他負起犯錯的責任了，但底層我聽見的是一種「自我處罰」，而不是「學習管理自己」**。我知道這不是我今天管教他的目的。

我停下來，先理一下自己的心情，覺察到自己眞的很嚴肅，也帶有興師問罪的味道，這樣的狀態，孩子內在一慌張，思考常常就會停止，我知道這不是我要的結果。我安靜了幾秒，調整了自己的狀態和臉色，用右手輕輕拍著他的背，說：

「不是這樣的，會快樂的事情不要輕易說『以後都不做了』，但把拔想要你學會管好自己，讓自己可以快樂，又不會影響你的睡眠時間。」

我的鬆動，我想采奕感受到了。他想了一下，看著我說：「那我明天練習九點就回來，這樣好不好？」

我：「這樣很好，要自由，就要好好地練習照顧好自己。你可能不會每次都做對，但要記得好好學習照顧好自己，這對你很重要。」

講完後，我張開手臂說：「來，抱一下。」我們大大擁抱了一下，采奕就離開去洗他的便當盒了。

我看著采奕，整理著方才的過程，心想這眞不是件容易的事。面對孩子做錯事，一不小心我就會上火放炮，孩子也只能默默承受。但管教若只是這樣，實在太可惜了！

我使用權威讓孩子在犯錯的地方停下來，沒忘記要連結背後的愛、給孩子空間

思考與嘗試。希望有天我的孩子，在犯錯時可以不要太費力緊張，而願意思考；希望有天我的孩子，能學會從自我負責中得到想要的自由。這才是我透過管教，想帶孩子去的地方。

6 愛，永遠都要在家

在心理治療的領域裡，因爲理論基礎不同，有許多不同的治療取向，我學習的取向稱爲「敘事治療」。在這本書裡的許多重要概念，例如「讓孩子成爲自己生命的主人」「讓孩子的獨特有個可靠的家」，都是敘事治療裡重要的觀點。

這幾年，我最主要的工作就是帶領和敘事治療有關的工作坊。有次我和好朋友林祺堂教授一起合開兩天的課，第一天課後，我們在自家的客房聊天。

我說：「有學員告訴我，他來參加工作坊最想學的，就是如何用更寬廣、接納的態度，來看待人、看待事。」

我和祺堂針對這部分繼續討論著，我們一致認爲這就是敘事治療帶給人最大的影響，因爲敘事治療對於差異是以「尊重」代替「矯正」，以「自主」代替「控制」，因此我們的內在就更能容得下許多不同的人，讓我們的內在對人少了評斷，多了想理解的心。

所以我就接了這樣一句話：「我想，學了敘事治療，『房間都會變得比較大吧！』所以能裝下的就比較多。」祺堂笑著點頭。

那天晚上，我和祺堂聊到十一點半，然後爲了讓身體重新充電，好專注地帶領隔天的工作坊，就各自熄燈就寢了。

情緒，在夜裡蔓延

但有時候，故事，會發生在半夜……我睡到兩點左右，女兒突然哭泣，雙腳蹭著床，像是在生氣。我以爲孩子做了惡夢，但孩子沒有說話，繼續踢著腳，哭著，叫著。

「妹妹，怎麼啦？不哭，不哭！怎麼睡到一半會生氣呢？」一旁的太太問了女兒好幾次，但孩子沒有開口說話，哭鬧持續著。我看到睡夢中的太太，像是進入省電模式的電腦，只能用最少的能源，本能地舉起手，輕輕拍著孩子，溫柔地發出「ㄡ～ㄡ～惜～惜～」的安慰聲。

假日已經加班一整天且和主管起摩擦的太太，這時候能給出這省電模式的安慰，已是非常盡力，但這安慰似乎無法安撫小蔓正蔓延開的情緒。

她雙腳持續踢著床，看來越來越生氣，本來也在省電模式的我，在旁猶豫了許久，心裡一直掙扎：「要起床處理嗎？還是再撐一下？或許孩子自己會好，或許……」因爲實在很累，而且隔天還要帶一天工作坊，睡眠是我最需要的……

但一想到太太實在也沒力氣了，想到女兒這樣下去大家也都無法睡，我掙扎起身，走到女兒身邊問：「怎麼了？做惡夢嗎？」嘗試想安撫女兒，但卻一點用也沒有，女兒依然大哭大叫。

我說：「這裡是睡覺的地方，妳這樣會吵到大家，我帶妳出去。」然後抱起女兒，一邊安慰，一邊走下樓，讓女兒可以哭又不吵人。

被扯出的陳年情緒

我在一樓安慰了女兒十分鐘左右，她仍自顧自地大哭，而且是那種口水、淚水、鼻水一起氾濫的狂哭，我怎麼問，她就是不告訴我她發生了什麼事。此時，抱著女兒的我已經滿身大汗，眼睛都還無法完全張開，實在無助。突然，疲累與不耐煩一陣襲來，心裡頭冒出這樣的一句話：「我是欠妳多少，要被妳這樣糟蹋……」

這句話在心裡是用閩南語說的，這句話和不幸、委屈、憤怒的情感有著許多的連結，瞬間我清醒了，因爲這是小時候媽媽對我說過的話。我停頓了一下，然後搖搖頭，開始在心裡說著：

「對不起，請原諒我；謝謝你，我愛你。」

我重複地說著，一次一次地在心裡說著《零極限》書裡的這四句話。然後，我回過神對著哭泣中的小蔓說：

「沒關係，不知道怎麼把心情說清楚沒關係，把拔小時候也會這樣。」

然後抱著小蔓，繼續陪她。

不重複不要的故事

媽媽那句話，我猜和我有著很深的連結，才會在我身心最脆弱的時候，竟自動化地跑了上來，不用思索，直接連上心頭。但，我沒有想要重複這樣的故事到我女兒身上，這是再清晰不過的決定了。所以睡眼惺忪的我，在心裡隨意抓取可以讓我移動眼光的話語，《零極限》那四句話就這樣跑了出來。事後我想，如果我說「佛祖保佑」或「上帝愛你」，應該也會有同樣的效果。

當《零極限》那四句話在心裡頭說著，我的眼光就開始移動了。眼光一移動，房間就變大了，於是小蔓的心情，我就裝得下了。這種移動，是一種決定，沒有半點委屈。

但小蔓仍然一直哭，在五月份的高雄，半夜的高溫讓我們兩個身上大汗淋漓。我想，我心裡移動了，再來移動環境和身體看看，就對著小蔓說：

「小蔓，我帶妳去二樓換衣服，幫妳擦擦汗。」

不等女兒回答，我溫柔地抱起女兒，走到二樓的衣櫥前，把孩子放下，把她的衣櫃打開，說：

「小蔓，妳挑一件衣服，我去拿毛巾。」

當我把毛巾拿回來時，臉上一把鼻涕一把眼淚的女兒已經挑好衣服。小蔓願意挑衣服，我就知道小蔓的內在也動起來了。我幫孩子擦乾身體，換好衣服，過程溫柔而安靜。

接著我問說：「現在，要上去睡覺了嗎？」

小蔓點點頭。

我說：「上面是睡覺的地方喔，上去就不能哭囉！」

小蔓再次點點頭。

我抱起小蔓，走上樓梯。小蔓因爲哭太久了，聲音雖然停了，但身體仍因一陣陣的哽咽而抽動著。我抱著孩子，拍著她的背說：「哭哭沒關係，把拔有陪妳，難過沒關係，把拔有陪妳。」

我說了這句話，就濕了眼眶。我說了從沒有人跟我說過的話，我用這句話，改寫了從媽媽那裡來的故事。

那天我把小蔓帶回她的床上，要離開前，小蔓伸出雙手深深地擁抱了我。那天躺到床上，已經快凌晨三點了。那一晚，我們過得眞不容易；但那一晚，我們父女都有很好的一晚。

愛，在家嗎？

自從這件事情後，我心裡很清楚，往後在照顧孩子時，當我不知道怎麼辦的時候，只要找到一個「愛」可以連上的空間，我就不怕了。我想「愛」永遠是最核心的力量，如果我們把「愛」當成一種方法，那其實我可以這樣說：「不論多大的困難，我們都不會沒有方法的。」

從事心理治療工作十幾年來，看過許許多多不同的人生，很確定的一件事，就是：不是所有問題都能短時間找到答案的。我想當父母的我們也會知道，不是所有孩子的問題，都能順利「解決」的。所以在我們照顧孩子長大的過程裡，在面對困難且不知如何解決的處境時，我想，我們可以這樣問自己：

「愛，有沒有在家？」

故事的後續

隔天我邀請小蔓把這件事情的記憶畫出來，小蔓依時間順序畫出這三張圖：

這是一開始哭泣的心情，小蔓提醒我，在整張黑色的臉裡面是有眼睛和表情的。

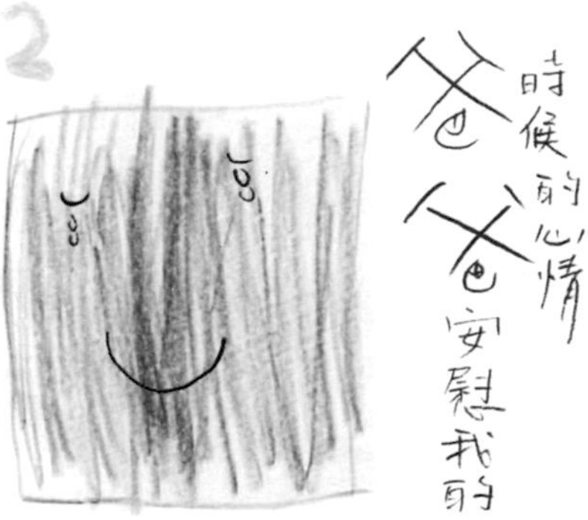

這一張，小蔓特別要我寫上注解。小蔓說這張圖最特別的是眼淚和笑臉在一起。

這是躺到床上時的心情。

7 愛，是會傳遞的

這幾年的我，學會越來越溫柔地對待家人，但這不表示我這個人毫無脾氣。我是天蠍座的，其實脾氣不小，凶起來也是會伸出毒螯螫人的。

我的情緒就這樣炸開

二〇一三年的春天，我發了一頓少見的大脾氣，是那種一、兩年才會出現一次的大脾氣。故事的場景在高雄一家知名的平價中式餐館裡，那天我開車載著全家人去用晚餐，點好菜後，我們一家坐在二樓。

兒子一臉不耐煩地說：「怎麼都點這些菜！」

女兒：「對啊！都是你們愛吃的……」

從下午開始，兩個孩子情緒就不太穩定，爭爭吵吵，已經三、四個小時了。人情緒一不好，對很多事情就會挑剔、看不順眼，特別是孩子，口和心是直通的，不舒服的話語都沒遮攔地一句句冒出來。我和太太已經忍耐了一下午，聽到孩子這麼說，我們後腦勺就冒出陣陣白煙，一股不爽的能量正準備要沸騰了。

這頓晚餐的菜色，看得出來是太太為了照顧每個人的需要用心點的，分別有我和兩個孩子愛吃的菜。但媽媽的用心卻被孩子這樣嫌棄，當然會不高興。我看著太太的臉色鐵青，語氣不耐，開始和孩子一來一往，火藥味越來越濃。

腸胃很敏感的我，最不喜歡在飯桌上有這樣的煙硝味，所以那天我試著介入，想幫忙讓孩子和太太之間有較好的溝通，希望戰火不要眞的蔓延開來。

不過，那天我的情緒也是撐了一整個下午，所以和太太說話的過程裡，口氣也沒太好。就這樣一不小心點著了火，公親變事主，我出於好意的幫忙卻變成了我和太太之間的戰爭。

孩子不懂事，太太也收不到我想幫忙的好意，閩南語有句俗話說：「好心給驢親。」我覺得自己太委屈了，所以就爆炸了，我發了一場大大的脾氣。那畫面是我人坐在桌前，手端著一碗白飯，臉臭到不行，一句話不說。我想，如果現場有台能偵測氣場的機器，大概會測到我整個人散出的是有毒的黑色氣場。

人在那樣的狀態，心裡跑來跑去的畫面通常都是更糟的。我把過去的委屈經驗

「統統叫出來」，那些和這次事件八竿子打不著的經驗，我都想一次一起清算。當然，有點理智的人都會知道，這絕對不是一個好方法，光想就知道後果很可怕，但人一生氣，智商眞的會降低，我越想越悲憤，就這樣把自己徹底地炸開了。

孩子的善意，一次次地給出

我用力把碗筷「啪！」地一聲擱在桌上，起身，不發一語離開座位，走到樓下。年輕時的我，若氣到這種程度，眞的會下樓就自己離開，但中年的我，有點進步，那天我下樓只是爲了處理這種「不知道怎麼辦」的情緒，目的是讓爆炸的情緒有個空間舒緩，沒有要讓任何人受傷。

過了約十分鐘，自己覺得撐得住了，我上樓，回到座位，悶著頭繼續吃飯。我回來吃飯不是因爲肚子餓，而是爲了不想讓家人難堪。這時候一旁的太太和孩子，都知道我生「大氣」了，沒有人敢講話，只默默地在旁坐著，安靜地吃飯。

不久，小蔓離開座位，到飲水機前拿了免洗杯，默默倒了一杯溫水端到我眼前。我雖然可以回來吃飯了，但氣還很大，我不領小蔓的情，一語不發，眼神只望著我自己的那碗飯。我誰也不想連結，小蔓就默默地把水放在我的桌上，繼續吃她的飯。

吃完那碗飯後，我先下樓，獨自站在餐廳外等候。這時透過餐廳的玻璃大門，竟然看到小蔓手裡端著那杯溫水，從二樓小心翼翼地走下來，端出餐廳門，拿到我的面前。那時我實在有感動，但心裡的氣，還是很大～

我只淡淡地說：「我現在心情不好，沒有辦法跟妳講話。」

這大概是我在憤怒下，所能擠出來最不傷人的話了。我說了我現在無法與她連結的狀況，說了我的位置，好讓小蔓可以調整自己，不用太難堪。

回程，我開了二十分鐘的車，整路上車裡沒半個人說話。我心裡很難過，一家四口聚在一起，卻僵在這樣的地方，實在很浪費難得的假日。回家後，我打開車庫門，停好車，太太和兒子下車後，小蔓卻在車外等我。她幫我打開車門讓我下車，然後到大門口幫我開第一道門，想照顧我的心意好清晰、好清晰。我依然無法說話，我依然無法和家人連結，但小蔓這些刻意照顧的善意，我一次次收下，身處情緒高原的我，體會到這種善意的珍貴。

我完整地收到孩子表達的愛

但大氣緩消了，等他們進屋後，我一個人騎上機車、帶著筆電，到我熟悉的咖啡廳裡書寫。我知道，這時候的我需要撐住自己、陪伴自己，才不會有人被這樣的情緒所傷。我打開筆電書寫，一直書寫，寫我的憤怒、寫我的委屈、寫我的善意、寫我對家人的愛。

書寫到一半，電話響了，看號碼是家裡打來的。我按下「接聽」鍵，電話那頭傳過來的是小蔓稚嫩的聲音，聽得出來她小心翼翼地問著我：

「把拔你在哪裡？」

我語氣裡不帶任何情感地說：「我在咖啡廳。」

「你會回家睡覺嗎？」

「會，等我不那麼生氣了就會回去了，妳們先睡覺。」

那時，其實心裡已經軟了，但語氣聽起來還是酷酷的。

那天晚上回到家時，已經是深夜十二點多了，家人都睡了。我梳洗後準備進臥室前，看到臥房門口有一張紙，上面用鉛筆寫著：「爸爸，你可不可以原諒我？」我看了就掉眼淚了。這個孩子，在我生氣的這個晚上，這樣一次次照顧我，即便我沒辦法給她「有效」的回應，但她沒有放棄一次次好好照顧我，表達她的善意。那天，是她讓我可以帶著愛入睡的。

溫柔，不會寵壞孩子

我的氣，到隔天中午算正式消散，我可以和太太好好地連結上，我們相互說過「不好意思」後，這事，算告一段落。接著我和太太開始回顧整個過程裡彼此的心情與想法。太太說：「好明顯喔！我和采奕都躲在一旁，就怕被颱風掃到，只有小蔓，一次次地往颱風眼走去……」我聽了就很觸動，我和太太都很佩服小蔓承接情緒的能耐。

其實從我發脾氣的時間點往前推算的兩個月裡，那段時間小蔓不分白天晚上，幾乎每天都會發脾氣。前面的文章〈眞實接觸自己的情感〉和〈愛，永遠都要在家〉裡面提到的事件，都發生在這段時間裡。那過程裡我一次次地、努力不放棄地、好好地安撫擱淺在情緒泥沼裡的小蔓，好幾次都得費盡力氣，才能讓小蔓從情緒困境裡安穩下來，然後有張好看的笑臉與家人相處。

但即便我如此日復一日地耐心安撫、溫柔照顧，小蔓鬧脾氣的狀態仍是持續著，到後來太太都擔心地問起我說：「這樣下去會不會寵壞孩子，成了公主病了？」太太的擔心，我聽在心裡，同時觀察這種照顧對小蔓的影響，因爲小蔓持續兩個月的發脾氣，我以前也沒見過。

但那天晚上，小蔓用我照顧她的方式，陪伴了正處在情緒困難的我。她一次次地對我表達善意，沒有責備，只有照顧。我看在眼裡，體會在心裡，其實很觸動。我從這次的經驗裡深刻地知道，這種溫柔對一個處在「情緒困境」的人是充滿滋養的。我確定今天孩子對我的照顧，不會讓明天、後天或以後的我，更任意地發脾氣，只會讓我在下次小蔓鬧情緒時，更願意如此地好好對待她。

所以，**溫柔對待情緒不會寵壞一個孩子，只有原則不清、對情緒冷漠才會讓一個孩子越來越困難**。我用眞實的經驗，回答了太太的擔心。

這樣的耐心陪伴，在孩子的心底，一次次起了漣漪，我看見愛在我和小蔓身上傳遞的痕跡。那一天晚上，小蔓對我的照顧，即使到現在想起來，都還是會讓我紅了眼眶，覺得很幸福。愛是這樣相互平衡的，愛是如此相互學習的。我再說個故事作本文的結尾。

愛是會傳遞的

二〇一三年底，那時小蔓已經是小一學生了，早已過了那段情緒的顚簸期。有天太太下了班，從安親班接小蔓回家。我和太太一天不見，所以碰面了就有好多話想說，但站在離我們三步之遠的小蔓一直插嘴，大喊著要媽媽接住她手上的紙飛機。太太拗不過小蔓的多次要求，就勉強地伸出手準備「接機」。小蔓看見媽媽有準備動作了，迅速射出手上的紙飛機，曾經打籃球校隊好幾年的太太「湊」一下就精準地接到了。

小蔓接著要媽媽趕快把紙飛機打開。我和太太話題其實聊到一半，對於小蔓的打擾實在有些不耐煩，我看得出來太太很敷衍地打開紙飛機，但一讀紙上寫的內容後，就笑了，然後竟然退了兩步，要我準備好「接機」。

我那時還在講話的興頭裡，實在不想玩這種有點無聊的遊戲，所以不太理會太太。但太太和小蔓一模一樣，一直說：「趕快，我要射給你了，你要接住喔！」故事又重複了一次，我接到飛機後，太太和小蔓就在一旁央求著我趕快打開。我愛理不理地把紙飛機打開，一讀內容，我就笑了。

然後，我趕緊跑上樓去，喊了正在看電視的兒子：「采奕，我要把飛機射過去囉，要接住喔……」

我就說，愛，眞的是會傳遞的。

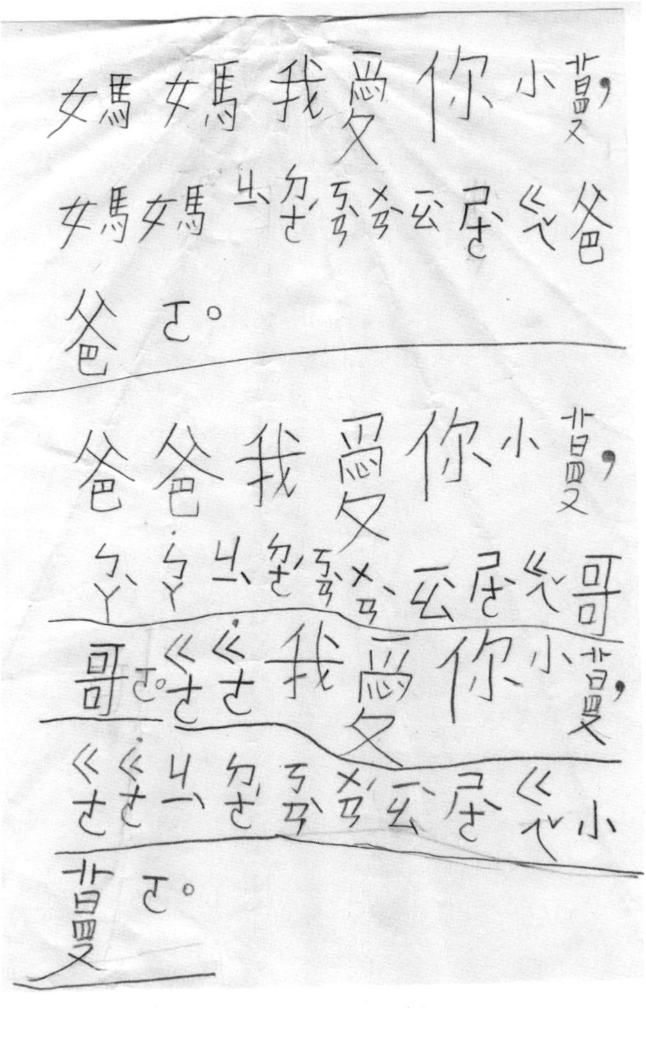

「睡前 · 催眠故事 CD」使用說明

Track 1：三十六個刻度的尺（睡覺用）

這個「三十六個刻度的尺」的催眠入睡手稿，是哈克自己使用了十五年的壓箱寶。生活裡因為壓力大、有煩惱而無法入睡，或是半夜醒來因思緒紛亂而無法再度入睡時，哈克總是用這個手稿，讓自己好好睡覺。期待這個錄音檔有機會為更多朋友帶來安睡。

Track 2：三十六個刻度的尺（休息一下時用）

跟 Track 1 的手稿幾乎一樣的語法與流程，差別只在於這個手稿適合用在只想短短休息一下時，像是午休二十分鐘。

Track 3：幫自己下美好的暗示

這個手稿，適合在聽 CD 之前，先為自己量身訂做想幫自己下的暗示詞，然後在中間只有配樂的那兩分鐘，為自己下自我暗示詞。

Track 4：毛毛蟲與水龍頭的故事
Track 5：毛毛小球與大老鷹的故事
Track 6：小老虎的山洞裡

Track 4~6 這三個睡前隱喻故事，都很適合睡前聽——可以給大人聽，也可以給小朋友聽。如果家裡的小朋友或大朋友愛聽，可以在睡前選一段今天想聽的睡前故事，陪伴著舒服入眠。

The Eurasian Publishing Group
圓神出版事業機構
用心與你對話・視野無限寬廣
方智出版社
Fine Press

http://www.booklife.com.tw reader@mail.eurasian.com.tw

自信人生系列 117

陪一顆心長大：從心理諮商到養兒育女

作　　者／黃士鈞（哈克）、黃錦敦
發 行 人／簡志忠
出 版 者／方智出版社股份有限公司
地　　址／台北市南京東路四段50號6樓之1
電　　話／（02）2579-6600・2579-8800・2570-3939
傳　　真／（02）2579-0338・2577-3220・2570-3636
郵撥帳號／13633081　方智出版社股份有限公司
總 編 輯／陳秋月
資深主編／賴良珠
責任編輯／黃淑雲
美術編輯／李家宜
行銷企畫／吳幸芳・涂姿宇
印務統籌／林永潔
監　　印／高榮祥
校　　對／柳怡如
排　　版／杜易蓉
經 銷 商／叩應股份有限公司
法律顧問／圓神出版事業機構法律顧問　蕭雄淋律師
印　　刷／祥峰印刷廠
2014年7月　初版
2022年11月　9刷

定價 300元　ISBN 978-986-175-358-4

你本來就應該得到生命所必須給你的一切美好！
祕密，就是過去、現在和未來的一切解答。

——《The Secret 祕密》

國家圖書館出版品預行編目資料

陪一顆心長大：從心理諮商到養兒育女／
黃士鈞、黃錦敦著. -- 初版 -- 臺北市：方智，2014.7
248面；14.8×20.8公分 --（自信人生系列；117）

ISBN： 978-986-175-358-4（平裝附光碟片）

1. 親職教育 2. 親子關係

528.2 103009674